CB120674

BUZZ

© 2019 Buzz Editora

Publisher ANDERSON CAVALCANTE
Editora SIMONE PAULINO
Editora assistente LUISA TIEPPO
Projeto gráfico ESTÚDIO GRIFO
Assistente de design FELIPE REGIS
Preparação MARINA MUNHOZ
Revisão VANESSA ALMEIDA
Design de capa FELIPE MÖLLER

Dados Internacionais de Catalogação na Publicação (CIP)
de acordo com ISBD

Battistoni, Fernão
Cresça 1% ao dia / Fernão Battistoni
São Paulo: Buzz, 2019
192 pp.

ISBN 978-65-86077-49-0

1. Autoajuda. 2. Sucesso.
I. Título.

2019-1535 CDD 158.1
CDU 159.947

Elaborado por Vagner Rodolfo da Silva CRB-8/9410

Índice para catálogo sistemático:
1. Autoajuda 158.1 / 2. Autoajuda 159.947

Todos os direitos reservados à:
Buzz Editora Ltda.
Av. Paulista, 726 - mezanino
CEP: 01310-100 São Paulo, SP
[55 11] 4171 2317
[55 11] 4171 2318
contato@buzzeditora.com.br
www.buzzeditora.com.br

CRESÇA 1% AO DIA

FERNÃO BATTISTONI

1% Fernão Battistoni **2%** Madre Teresa de Calcutá **3%** Elon Musk **4%** Gabriel Medina **5%** Richard Branson **6%** Clarice Lispector **7%** John Lennon **8%** Marco Battistoni **9%** Walt Disney **10%** Robert Kiyosaki **11%** Garry Kasparov **12%** Quentin Tarantino **13%** Christian Barbosa **14%** Abilio Diniz **15%** Albert Einstein **16%** Chaves **17%** Bernardinho **18%** Caio Carneiro **19%** Usain Bolt **20%** Bill Gates **21%** Sam Walton **22%** Jorge Paulo Lemann **23%** Michael Phelps **24%** Elis Regina **25%** James Corden **26%** Stephen King **27%** Aristóteles **28%** Steven Spielberg **29%** Ayrton Senna **30%** J.K. Rowling **31%** Jack Ma **32%** Cristiano Ronaldo **33%** Chris Gardner **34%** William Wallace **35%** Martin Luther King **36%** Nathalia Arcuri **37%** Bob Marley **38%** Cristóvão Colombo **39%** Dalai-lama **40%** Alok **41%** Guilherme Benchimol **42%** Michael Jordan **43%** Malala Yousafzai **44%** Ole Kirk Christiansen **45%** Sigmund Freud **46%** Fernando Fernandes **47%** Thomas Edison **48%** Tom Brady **49%** Howard Schultz **50%** Carmen

Miranda **51%** Rick Chesther **52%** Akio Morita **53%** Edward Murphy **54%** Gustavo Cerbasi **55%** Lady Gaga **56%** Stephen Hawking **57%** Ken Blanchard **58%** Flávio Augusto **59%** Tony Robbins **60%** Gustavo Caetano **61%** Drake **62%** Chuck Norris **63%** Tim Berners-Lee **64%** Robin Williams **65%** Ana Maria Braga **66%** Tom Hanks **67%** Santos Dumont **68%** Platão **69%** Thiago Nigro **70%** Elvis Presley **71%** Aldo Quintão **72%** Thundercats **73%** J.P. Morgan **74%** Arri Coser **75%** Laurence Peter **76%** Napoleon Hill **77%** Sylvester Stallone **78%** Nelson Mandela **79%** Maria F. Fissolo **80%** Phil Knight **81%** Tallis Gomes **82%** Jamie Oliver **83%** Leo Burnett **84%** Warren Buffett **85%** Ingvar Kamprad **86%** Jack Welch **87%** Ted Turner **88%** Jô Soares **89%** Les Brown **90%** David Copperfield **91%** Rei Salomão **92%** George Lucas **93%** Hans Wilsdorf **94%** Roberto Justus **95%** Dale Carnegie **96%** José Roberto Marques **97%** John Maxwell **98%** Mauricio Benvenutti **99%** MacGyver **100%** Maria Merita Paim Battistoni

INTRODUÇÃO

Quebrem as correntes do seu pensamento
e quebrarão as correntes do corpo.
Richard Bach, *Fernão Capelo Gaivota*

Este livro foi escrito por um cara que está habituado a ouvir não.

Meu nome é **Fernão**. E aposto que ninguém recebeu mais nãos do que eu. Você pode imaginar que aprendi a conviver com o não muito cedo – é como se tivesse precisado lidar com a rejeição desde o primeiro dia de vida.

Na escola meus amigos até faziam piada, mudando meu nome para "Fersim", na tentativa de deixá-lo mais positivo. Só que eu sempre gostei do meu nome, porque ele tinha um significado. Sempre gostei do meu nome porque ele havia sido escolhido pela minha mãe antes mesmo de eu nascer.

E só entendi isso totalmente aos treze anos, quando li meu primeiro livro da vida, *Fernão Capelo Gaivota*, a história que serviu como inspiração para o meu nome. Antes de engravidar de mim, minha mãe leu essa fábula, que trata de uma gaivota com dificuldade em fazer as mesmas coisas que o bando fazia, e ficou encantada com o voo e a busca da personagem. Depois, assistiu ao filme e pensou em batizar o filho de Fernão pelo significado que o nome trazia. Ali ela teve certeza de que ele era inspirador e cheio de significado.

Com o tempo, descobri que o nome não era a única semelhança entre nós. **O Fernão do livro não queria ser igual a todo mundo. Queria voar, ser livre, fazer da vida uma novidade constante.** Aquele menino que não gostava de ler nem de ir à escola, mas que estava ali frente a frente com palavras que mudariam sua vida, começava a perceber que não era tão estranho.

Havia uma certa magia em ser diferente, em querer fazer as coisas de um jeito próprio. E, aos poucos, aquele menino foi crescendo e percebendo que o maior desafio do ser humano era justamente o que aquela gaivota do livro pregava: ser livre para viver a vida à sua própria maneira. Só que o Fernão do lado de cá demorou para bater as asas sozinho.

Na verdade, por muito tempo vivi para pagar contas, preso ao que todo mundo fazia, mesmo sabendo que tinha as chaves que me davam acesso à liberdade.

Se hoje consegui me desprender do bando, voar meu próprio voo, me tornando um líder que consegue conectar pessoas e inspirar nelas o desejo de voar mais alto, é porque um dia estive preso ao chão, sentindo o peso das asas que não conseguiam bater por conta própria.

Escrever este livro é compartilhar um pouco de como foi essa libertação. O ponto-chave para mim foi perceber que, mesmo que a jornada de alguns pudesse parecer distante da minha, bastava me dedicar pouco a pouco a crescer – mais precisamente, 1% ao dia.

Costumo dizer que minha vida teria sido muito mais fácil se eu tivesse aprendido isso lá na época da escola. Talvez esse seja o motivo de eu querer mostrar que, se estivermos dispostos a aprender apenas 1% ao dia, praticando aos poucos aquilo que aprendemos, deixando para trás a lógica de querer saber sempre mais sem nunca colocar nada em prática, conseguimos crescer de forma constante.

Basta 1% ao dia.

Se você tem filhos, fica ainda mais fácil entender essa matemática. Pode perceber: quanto mais conteúdo você joga de uma vez na cabeça deles, mais difícil é a absorção. Hoje me sinto um aprendiz diante deles. O Bento e o Tito, meus filhos, me ensinaram que dentro de casa a gente não pode vomitar informação. Tudo é uma construção contínua, sempre buscando o equilíbrio entre informação e aprendizado, um passo de cada vez.

Não adianta ler cem livros e não conseguir pôr nada em prática. Quando entendi isso, percebi que **você pode aplicar a tática do 1% a tudo na vida.**

É como a sabedoria da formiga: ela faz um pouquinho por dia, e quem a vê trabalhando não faz ideia do quanto está construindo. Mas, no fim do processo, aquele pouco representa muito.

A missão deste livro é: cresça 1% ao dia, enxergue que pode fazer qualquer coisa que quiser. Na minha jornada, busquei pessoas inspiradoras para dar uma injeção de ânimo na minha evolução diária. A partir das lições que aprendi, criei hábitos que mudaram minha vida – e que também compartilho com você aqui.

Quando você vê o sucesso de cada um desses personagens, percebe que as pessoas e os resultados são diferentes, mas o caminho é um só.

O sucesso deixa rastro, e é só seguir estas pistas para ser bem-sucedido.

Que estas lições diárias enriqueçam a sua mente e você cresça 1% ao dia.

Por fim, sabia que, enquanto você alimenta sua mente, muitas crianças serão alimentadas por sua iniciativa de comprar este livro? Toda a renda arrecadada com a venda será revertida para uma causa social comprometida a cuidar de crianças carentes da comunidade de Paraisópolis, em São Paulo.

1%

Fernão Battistoni

Desafie a si mesmo

Quando eu era mais novo, não me passava pela cabeça a ideia de escrever um livro. Como um cara como eu, que não lia, poderia fazer isso um dia?

Só que percebi que não lia porque os livros me cansavam. Eu só queria saber daquilo que me interessava. Achava que literatura clássica ou aquelas listas de leituras impostas pela escola eram perda de tempo.

Na minha adolescência, meu pai desenvolveu o costume de me levar à livraria todo domingo, então pude ter contato com assuntos que faziam mais sentido para mim. Ali os livros começaram a me interessar de verdade, tanto que hoje faço questão de manter uma rotina de leitura, inclusive reservando tempo para ler para meus dois filhos.

Pensando naquele Fernão jovem, que não lia, tive a ideia de compartilhar estes *insights*. Afinal, este livro também foi feito para quem não lê, mas quer abrir uma página por dia para crescer 1% e enriquecer a mente. Este livro foi escrito porque sei que ele teria me fisgado de cara quando eu usava desculpas para fugir da leitura.

É um livro para ler sozinho ou com seus filhos. Para devorar no avião ou na corrida de táxi. Para deixar na cabeceira da cama e ler uma página ao acordar. Para ler do começo ao fim. O que importa é que você cresça 1% ao dia.

Começo com uma dica de minha autoria porque quero que você também se prepare e desafie a si mesmo, como me desafiei para escrever este livro. Pode ser que você não se ache capaz de fazer determinada coisa, mas quer saber? Todos somos, se nos desafiarmos e dermos o primeiro passo.

Talvez você já tenha ouvido falar do monte Fuji, a montanha mais alta do arquipélago japonês. Para quem nunca escalou, encarar o monte Fuji pode parecer um tremendo desafio, mas, se você considerar isso já pensando em todas as dificuldades que podem surgir no meio do caminho, não vai nem sequer calçar o tênis e sair de casa.

A vida é assim: para saber se dá para chegar lá no topo, é preciso colocar a cara a tapa, enfrentar seus maiores medos e ver até onde você aguenta. Na dúvida, sempre tem o caminho de volta.

Quando decidi escalar o monte Fuji com alguns amigos, eu não tinha nenhuma experiência naquilo. Era setembro, estávamos fora da temporada, mas resolvemos encarar a aventura. Assim que colocamos o pé na trilha, percebi que não ia ser tão simples: além de fatores de risco como a neve e o frio, todos os acampamentos estavam fechados por não ser época de escalada. Não tínhamos como nos aquecer.

Conforme subíamos, o desafio ficava maior, por causa da altitude e das condições climáticas. Mas, acima de tudo, havia meu evidente despreparo para lidar com aquela situação. Quando saímos, eu achava que seriam seis horas de caminhada. Foram doze. Doze horas em que me senti absolutamente vulnerável porque não tínhamos nenhuma garantia de que chegaríamos inteiros no final daquela jornada.

Sem experiência, sem saber se a temperatura ia baixar mais, sem as roupas adequadas, sem o apoio dos acampamentos, com um isqueiro e na altitude, conseguimos fazer uma fogueira improvisada que nos livrou do frio por algum tempo. Faltavam só mais duzentos metros para o topo, mas a maioria escolheu permanecer no conforto do fogo.

No fim das contas, apenas eu e mais três encaramos a reta final. Aqueles duzentos metros, apesar da distância curta, foram os mais longos da minha vida, exigindo duas horas de caminhada. O corpo doía muito, e os dedos dos pés estavam tão congelados que eu já não tinha mais certeza se estavam ali.

Mas chegamos ao topo, enfim. Superamos as nuvens e vimos o sol nascer no Japão, uma das experiências mais fascinantes da minha vida.

Toda essa experiência trouxe a reflexão de que, apesar de sabermos que deveríamos ter nos preparado melhor, escalar aquele monte foi como enfrentar a vida. Só sabemos quais condições vamos enfrentar depois que a trilha começa. E o único jeito de chegar ao fim é dar cada passo com confiança, apesar dos medos, dos desafios, das situações imprevistas.

Todos corremos riscos.

A mensagem que quero deixar para você que está começando a ler este livro é: desafie a si mesmo. Para enxergar alguma mudança em sua vida é preciso dar o primeiro passo. A vida é imprevisível, e mergulhar de cabeça nessa imprevisibilidade faz com que a gente descubra que pode muito mais.

Se você tem algum monte Fuji para escalar hoje, saia logo de casa e escale sem olhar para trás, porque a vida é feita de desafios, e cada passo dado deixa você mais perto do topo.

2%

Madre Teresa de Calcutá

Com pouco, fazemos a diferença

Para mim, madre Teresa de Calcutá é uma das mulheres mais bem-sucedidas do mundo, por sua inesgotável capacidade de se doar generosamente aos outros, para que possam ter um dia melhor.

Uma frase de sua autoria que me marcou foi: "Por vezes sentimos que aquilo que fazemos não é senão uma gota de água no mar. Mas o mar seria menor se lhe faltasse uma gota". Esse é exatamente o conceito do 1% ao dia. Se não acreditarmos que aquele pouco pode fazer a diferença, não abrimos o livro, não lemos nem uma página, não evoluímos.

Madre Teresa acreditava que cada gota de água no oceano fazia a diferença e dedicou sua vida à caridade, sobretudo com os pobres e enfermos. Ela nos ensinou que todos podemos contribuir um pouco a cada dia, e no final o resultado será surpreendente.

Outro dia li uma matéria de jornal que me deixou perplexo, porque ilustra bem o que precisamos entender para valorizar cada 1% que temos a melhorar.

O texto dizia que os oceanos se formaram na Terra há bilhões de anos em razão de uma chuva de meteoros ricos em água. Imagine que somos o planeta com mais água em todo o Sistema Solar graças à participação de cada meteorito nesse processo, contribuindo para que pudéssemos desfrutar da abundância que temos hoje.

Portanto, se estiver na dúvida entre fazer pouco e não fazer nada, saiba que a sua pequena parte somada à de cada um pode ser decisiva para a sobrevivência do planeta. Ou pelo menos para a sua sobrevivência.

Pense nisso!

3%

Elon Musk

Sem fracasso não há inovação

Elon Musk, para mim, é o empreendedor do futuro. Fundador, CEO e CTO de diversas companhias, entre elas SpaceX, Tesla Motors e PayPal, Musk é, acima de tudo, um visionário. Seu nome é sinônimo de inovação. Não importa o tamanho do obstáculo, o homem vai lá e faz: ultrapassa limites e até dá rolês no espaço. Uma de suas frases que mais me inspiram é: “Se você não está fracassando, não está inovando o suficiente”.

Elon Musk acredita que não fracassar significa estar no marasmo, porque só fracassa quem cria algo novo, que nunca foi feito ou testado. Só fracassa quem inova. E ele fracassou muito. Por exemplo, quando tentou mandar seus foguetes para o espaço. Foi só depois de muitas tentativas, depois um investimento multimilionário, que ele finalmente alcançou o sucesso naquilo que se propôs a fazer. Se você quer viver no futuro, precisa inovar.

E por que colocar Musk no começo do livro? Porque ele ama o fracasso. E ele arrisca, não importa o tamanho da queda: constrói foguetes, quer habitar o espaço, sonha em morrer em Marte. A frase dele precisa estar estampada na testa de qualquer empreendedor.

Posso dizer que vivi na pele o estigma do fracasso. Me envolvi em dezenove negócios diferentes, e só quatro deram certo. Fechei alguns, quebrei outros, tive prejuízo em vários, mas hoje, depois de tudo isso, sei que fracasso é algo positivo. Por isso, arrisco muito. A cada novo negócio em que entro, estudo a fundo, como se fizesse um MBA naquele assunto. Pode ser que dê certo, pode ser que não.

Se você não fracassa porque tem medo de perder ou porque sente receio de que algo pior aconteça, mude já essa mentalidade, quebre esse paradigma que se formou quando você estava na escola. O fracasso pode abrir portas, fazer com que você conheça novas pessoas.

Todos os meus erros me levaram a construir novas pontes e alianças, me mostrando onde eu não podia errar.

É preciso se jogar, sem deixar que o medo de fracassar o paralise. Se os grandes inovadores não tivessem dado o próximo passo, não estaríamos aqui, agora, vivendo nesta era da informação. Lembre-se de que o que nos difere dos animais é a nossa capacidade de adaptação, de conseguir criar algo que não existe, fazendo descobertas e resolvendo problemas.

Cresça 1% hoje e não se esqueça: sem fracasso não há inovação.

4%

Gabriel Medina

Eu acredito em todas as ondas

Gabriel Medina foi o primeiro brasileiro a vencer um campeonato mundial de surf. E não só: hoje ostenta o título de bicampeão do WSL Men's Championship Tour.

Quem vê Medina surfando percebe que, além de preparo, habilidade e técnica perfeita, ele parece dançar com a onda, como se soubesse que existem infinitas possibilidades dentro do mar. Uma das frases que ele costuma dirigir aos entrevistadores é: "Eu acredito em todas as ondas". Talvez nessa explicação simples esteja o segredo de tudo.

Não é incomum encontrar pessoas que não acreditam no mercado da sua área de atuação ou que duvidam da empresa em que trabalham, jogando contra o próprio time ou não depositando confiança suficiente naquilo ali. Logo que comecei a atuar no marketing de relacionamento, uma jornalista perguntou se eu acreditava na profissão. Só naquele momento me dei conta de que jamais trabalharia com algo em que não acredito, e então tudo fez sentido.

Muitas pessoas não creem naquilo em que colocam seu foco – estão ali fazendo o que precisa ser feito, sem a certeza inabalável de que pode dar certo. Mas, quando acreditamos em todas as ondas, conseguimos surfar nas oportunidades e fazer a diferença, obtendo resultados extraordinários e conquistas inéditas. É preciso simplesmente crer com convicção que mesmo aquela em que ninguém "bota fé" pode ser a onda que vai levar você ao pódio.

Para crescer 1% hoje, não despreze nenhuma onda. Acredite sempre no que está fazendo, sem hesitar.

5%

Richard Branson

Vá além do impossível

O empresário britânico Richard Branson é o fundador do Virgin Group. Ele está presente nas mais de quatrocentas empresas do grupo ao redor do mundo, que vão da música à aviação, passando por vestuário, biocombustíveis e até viagens aeroespaciais. Além disso, é autor de diversos livros de sucesso.

Não dá para imaginar o que é controlar quatrocentas empresas, e começar pensando nesse número provavelmente vai fazer com que você não saia do lugar. Essa lição tem muito a ver com o que quero compartilhar aqui: independente de onde queira chegar, hoje você só precisa crescer 1%.

Uma das grandes frases de Richard Branson é: "O meu desejo, o meu desafio, o meu dia a dia, a minha rotina. Minha motivação é atravessar, ir além do impossível". Ou seja: se para alguns existem coisas impossíveis, ele vai além do impossível. Não é à toa que o cara criou uma empresa de viagem espacial, com o propósito de levar pessoas comuns até a Lua. Um legado incrível.

Como transpor essa mensagem para o seu cotidiano? Se você pensar que para trilhar o caminho de Santiago é preciso caminhar oitocentos quilômetros, mal tem o desejo de começar. No entanto, qual o grande lance do primeiro passo? Agir. A ação e a atitude são mais importantes do que o receio em pensar no todo. Fracionando o impossível em várias partes possíveis, você alcança e pode até superar o impossível.

Tente quebrar seu sonho em várias partes, parcelando as metas de longo prazo em objetivos mensais, semanais e diários. Quando Richard começou, ele não sabia que sua aposta ia vingar. Se você tem um projeto na sua vida, mas não consegue enxergá-lo montado, meu conselho é: apenas comece. Basta começar que as coisas vão se desenrolando.

Afinal, o que vem antes do milagre? A ação. "Levanta-te e anda", que você pode se mover para além do impossível.

6%

Clarice Lispector

Respeite mesmo o que é ruim em você

Clarice Lispector pode ser considerada a escritora brasileira mais importante do século XX. Seus textos são tão impactantes que rodaram o mundo, motivando reflexões profundas. É difícil destacar apenas uma entre as muitas citações que me tocaram, mas acredito que o que pode enriquecer a sua mente hoje é saber que ela enxergava as pessoas em sua totalidade: "Respeite mesmo o que é ruim em você - respeite sobretudo o que imagina que é ruim em você - [...] não copie uma pessoa ideal. Copie a si mesmo".

O mundo do empreendedorismo está repleto de gurus que dizem como devemos agir ou nos comportar. Essa febre, no entanto, muitas vezes nos torna iguais, como se fôssemos feitos em série, sem considerar as particularidades que nos tornam únicos.

Sempre fico atento a isso, principalmente quando penso na criação dos meus filhos: respeitar a individualidade das pessoas é necessário, porque as grandes criações só são possíveis quando a autenticidade aflora, trazendo junto a criatividade. Se fôssemos todos padronizados, não haveria espaço para as grandes criações e genialidades humanas.

Às vezes, o que alguns acham "ruim" em nós é simplesmente aquilo que mais vai fazer diferença no nosso futuro. É copiando a nós mesmos que chegaremos a lugares inimagináveis, então pare de encontrar erros nas suas marcas registradas. Respeite mesmo o que achar que é ruim em você.

7%

John Lennon

Decida ser feliz

John Lennon foi um dos maiores ícones da música, autor de um legado que vai repercutir por muitas gerações. E com ele meu aprendizado não foi sobre negócios: foi sobre a vida.

Conta-se que a mãe de Lennon dizia a ele todos os dias que o importante era ser feliz. Um dia, a professora da escola pediu que cada aluno escrevesse num papel o que gostaria de ser quando crescesse. Diante da pergunta, o pessoal começou a listar todas as profissões imagináveis, como astronauta, engenheiro, professor. Mas Lennon respondeu: "Vou ser feliz". A professora disse que ele não tinha entendido o exercício, e ele rebateu: "Não, você é que não entende a vida".

Naquele exercício, ele resumiu tudo: o importante é ser feliz. Independentemente do que você faça, é preciso colocar o coração na sua atividade, para assim tocar a vida de muitas pessoas.

Quando me dei conta de que isso era importante?

Depois de dezenove anos sendo preparado para entrar no mercado de trabalho (que eu acreditava ser meu grande sonho), finalmente me vi contratado por uma grande multinacional. No início foi tudo incrível, com muitas novidades, mas em dois meses eu não queria mais acordar. A depressão batia quando o despertador tocava. No domingo, então, a música do *Fantástico* doía como um soco no estômago. E assim se passaram três anos.

Na minha colação de grau do ensino médio, a essência do discurso do professor de Física foi: "Independente do que você faça, vá ser feliz". E eu não segui esse conselho. Escolhi minha carreira ouvindo o que outras pessoas diziam numa revista de negócios. Optei pela profissão do futuro, que garantia a remuneração melhor, mas que não tinha nada a ver com o meu propósito de vida.

Trabalhei durante um tempo com algo que não me preenchia, até que certa noite, numa festa de Ano-Novo na Bahia, rodeado de amigos, tomei a decisão de ser feliz. Decidi voltar para São Paulo, pedir demissão e seguir a vida, sem me importar com as consequências.

No mesmo ano, ia me formar na faculdade e conquistar o tão esperado diploma. Naquele período os representantes de sala trabalhavam duro para promover a grande festa de formatura, mas minha mente já estava completamente desconectada dali, então achava que não fazia sentido pagar um caminhão de dinheiro por uma noite de farra. Aí tive uma ideia: por que não usar esse dinheiro para fazer uma viagem entre amigos a um lugar diferente, com uma festa por dia durante uma semana? Bingo! Os amigos mais próximos toparam. Fomos para Fortaleza, aproveitamos e nos conectamos ainda mais. (Quem não gostou muito foi o pessoal da comissão de formatura, porque o valor da viagem de sete dias foi menor que um dia de festa...) Quanto a mim, eu mal sabia que ali seria o início de uma caminhada empreendedora.

Fiz essa viagem com um grande amigo. Quando voltamos, fechamos uma parceria e começamos a empreender juntos. E logo me dei conta de que já estava gostando de novo da segunda-feira. A partir daí, testando as coisas, evoluí como ser humano e como profissional.

Gosto de dizer que devemos viver a vida como um projeto de startup. Não adianta fazer a mesma coisa o tempo todo, é preciso testar novas possibilidades, até conseguir validar o seu produto: você. Você é o produto desse projeto. Na minha vida, foi assim que aconteceu.

Se você aprender a lição de John Lennon sobre ser feliz, vai colocar o coração no seu negócio e, independentemente da atividade que exercer, vai entender que está impactando o mundo de alguma forma. Não é *o que* você faz, mas *como* faz.

O importante é decidir ser feliz, uma decisão que só você pode ou deve tomar. Decida e bola pra frente. Aja com segurança que o resultado vem.

8%

Marco Battistoni
Cada um tem seu limite

Meu pai aprendeu com o meu avô a ser o provedor da família sem esperar nada em troca. Se eu tenho essa tendência a me dedicar à minha família e ao meu trabalho diário, devo isso a ele.

Desde pequeno, observo o jeito como meu pai conduz a vida com dignidade. Ele precisou enfrentar mudanças drásticas logo cedo: chegou ao Brasil com sete anos, vindo de um país destruído pela Segunda Guerra Mundial. Ao abandonar um cenário de tristeza e recessão, encontrou aqui um modo de vida muito diferente do que conhecia.

Mas um dos maiores ensinamentos que tive com esse cara foi que todos temos de entender e respeitar os limites dos outros. Meu pai herdou do meu avô sua participação de 50% no controle da empresa da família. Seu sócio, que também herdou dos familiares sua cota de 50%, sofreu uma infecção na infância que infelizmente o deixou com sequelas. Ainda que ele apresente deficiência intelectual, isso nunca foi motivo para apartá-lo da empresa. Dedicado, passava a maior parte do tempo na fábrica e, para que se sentisse produtivo, foi incumbido de algumas funções, sempre respeitando suas limitações.

Dentre alguns serviços que ele exercia, um deles chamou a minha atenção pela simplicidade e pela importância: tocar a sirene da fábrica na hora do almoço. Essa incumbência elevou sua autoestima. Levava tão a sério a tarefa que corria atrás do intrometido que ousasse tocar a buzina no seu lugar, tamanho era seu senso de responsabilidade. Se por algum motivo não ia trabalhar, deixava que meu pai (e mais ninguém) tocasse a sirene por ele.

Esse é um bom exemplo de respeito aos limites. De vez em quando podemos achar que estamos fazendo demais, porque acontece de um semear mais e o outro menos, mas a colheita é dividida em partes iguais. Só que precisamos levar em conta que às vezes aquele tanto é o máximo que a pessoa pode fazer. Em vez de considerar isso injustiça, comecei a perceber a humanidade nesses gestos – como na atitude generosa do meu pai ao compreender o limite do seu sócio e encontrar a melhor solução dentro das possibilidades, sem nunca desrespeitar seus próprios limites.

Se hoje estou na liderança é porque aprendi com o meu velho que um líder deve ser humano e, acima de tudo, observar os colegas de trabalho para buscar o melhor que cada um tem a oferecer.

Fica a dica: hoje, se achar que está cansado de fazer mais do que seu parceiro, lembre-se de que você deve estar comprometido com seu próprio fazer em primeiro lugar. O outro faz aquilo que está dentro do seu limite. Simples assim.

Muito obrigado, pai. Te amo!

9%

Walt Disney

Seja um sonhador

Quem não é apaixonado por Walt Disney?

Muitos de nós gostaríamos de sonhar o que ele sonhou, viver o que ele viveu, e isso só é possível por causa de seu legado: a Walt Disney Company.

Além de criar um mundo de sonhos, construiu uma marca muito forte, com a qual as pessoas se conectaram e, acima de tudo, amaram. Sua frase de impacto que escolhi é: "Não deixe que seus medos superem seus sonhos".

Acredito que esta é uma das maiores características de um empreendedor: sonhar, enxergar algo que não existe, ir atrás, construir. Mas um fator que pode paralisar esse processo é o medo. Por mais que ele seja importante, para que você saiba avaliar os riscos, é preciso deixar que os sonhos sejam ainda maiores. Afinal, receio todo mundo tem.

Gosto de dizer que sou um sonhador, apesar de saber que essa não é uma característica fácil de cultivar na vida. Por exemplo, o que a escola faz com as crianças que sonham? Diz que estão sonhando demais, que pensam coisas impossíveis e que deveriam manter os pés no chão, para não se frustrarem com a vida adulta. Somos tão podados que acabamos limitados, sem criatividade. Você já ouviu essa história?

Sempre tive dois sonhos maiores: ser pai e ser milionário. Costumo dizer que não fomos construídos para ter uma mentalidade empreendedora, mas somos capazes de trilhar nosso próprio caminho. Conquistar um milhão aos trinta anos era um sonho, assim como ter uma família. Por isso, aos vinte comecei a empreender. Na minha cabeça, ter um milhão de reais ia me proporcionar a liberdade que sempre quis. Meu grande propósito na vida é ser livre para investir tempo em quem eu amo e ver meus filhos crescerem.

Só que, aos 27, eu tinha aproximadamente 300 mil reais em dívidas. Mas eu também sabia que arriscaria tudo para aquele sonho se realizar. Eu ainda tinha três anos pela frente.

Para que as dívidas não atrapalhassem, eu nem me lembrava delas e ia dormir pensando em como chegar lá, em como gerar renda. Caso contrário, não sairia do lugar. Foi quando conheci um novo modelo de negócios, o marketing de relacionamento.

O tempo ia passando, e era como se um leão corresse atrás de mim. Eu não queria que meus filhos tivessem um futuro medíocre ou uma vida miserável. Por isso, o que mais me fez ter resultados foi o medo. O medo alimentava meu sonho.

Depois de três anos exercendo a profissão, subi num palco para receber um prêmio de um milhão de dólares. Havia milhares de pessoas assistindo e aplaudindo aquele momento. Eu tinha acabado de completar trinta anos e meu filho estava com quase um ano.

Com tudo isso, o que eu quero dizer é que a gente pode construir qualquer coisa se for capaz de sonhar. Tudo parte de um sonho, de uma grande vontade, e a fome de mudança é a chave para abrir todas as portas.

Seja um sonhador, tenha coragem e construa uma vida extraordinária.

10%

Robert Kiyosaki

A pobreza está na sua mente

Desde que li *Pai rico, pai pobre*, de Robert Kiyosaki, sempre soube que seria responsável por transmitir conceitos de educação financeira para meus filhos. Este, que é um dos livros de educação financeira mais lidos no mundo, foi o título que mais marcou a minha vida. Nele, Kiyosaki diz: "Há uma diferença entre ser pobre e estar quebrado. Estar quebrado é algo temporário, ser pobre é eterno". Por quê? Porque a grande sacada está na sua mente.

É preciso preparar a mentalidade para ter sucesso. O bolso sozinho não determina nada na vida, mas aquilo que você pode gerar com os recursos que tem é que faz de você uma pessoa com diferencial.

Estudos mostram que mais de 80% da riqueza do mundo está nas mãos de apenas 1% da população. Ainda que todos esses recursos fossem redistribuídos igualmente a toda a população, em pouco tempo o *status quo* se restabeleceria: os ricos reconstruiriam sua fortuna; os pobres provavelmente perderiam o que haviam ganhado. É como naquelas histórias que sempre ouvimos sobre ganhadores da Mega Sena que torraram tudo ou se endividaram, ficando numa situação ainda pior.

Por que isso acontece? O que diferencia as mentalidades "rica" e "pobre" é o relacionamento com o dinheiro. Somos formatados desde que nascemos para acreditar que o dinheiro é sujo – quem nunca escutou, quando criança, a mãe gritar "Tira a mão desse dinheiro sujo"? – ou que a riqueza sempre vem de forma errada ou ilegal. Examine a sua relação com o dinheiro desde criança e veja se se identifica.

Precisamos entender que é possível ter prosperidade financeira e usufruir do dinheiro de maneira positiva, não apenas focado na sobrevivência. Mas educação financeira ainda hoje é considerada um tabu. Se você tiver uma mentalidade rica e demonstrar isso com naturalidade em casa, seus filhos vão entender que o dinheiro tem muitas vantagens, principalmente poder ajudar outras pessoas.

Em casa, por exemplo, cada um dos nossos filhos tem três cofrinhos. Quando recebem mesada ou uma quantia de presente dos avós, guardam parte do dinheiro em um dos cofrinhos para reinvestir, no segundo separam um tanto para gastar com aquilo que desejam e o terceiro é sempre destinado a doações. Eles entendem a importância de ganhar dinheiro, celebrar as conquistas e compartilhar com as pessoas que não tiveram as mesmas oportunidades na largada.

Imputar esse pensamento de que ser rico não torna ninguém vilão pode virar o jogo na mente de uma criança em formação. Se a pobreza reside na mente, acredito que é porque a gente não se dá a oportunidade de perceber que o mundo é abundante e que todos merecem viver melhor.

Pense nessa afirmação de Robert Kiyosaki e perceba se hoje você está agindo como um pai rico ou um pai pobre. Dê a si mesmo e à sua família a oportunidade de mudar essa situação.

11%

Garry Kasparov

Não mude demais a estratégia

Mudar demais a estratégia é o mesmo que não ter nenhuma. Já pensou nisso?

Garry Kasparov, o gênio do tabuleiro que é o maior campeão mundial de xadrez, joga desde os dez anos de idade. Ele decidiu seguir carreira como jogador de xadrez após uma vitória na escola onde estudava e se profissionalizou para virar o jogo de sua família.

Para ele, que aprendeu desde cedo que uma movimentação errada acaba com qualquer jogo, mudar demais a estratégia é o mesmo que não ter estratégia. Isso é nítido nas pessoas que não se planejam: cada hora fazem uma coisa e se deixam levar totalmente pelas distrações.

Costumo dizer que acordar todo dia com uma estratégia em mente é legal para manter a motivação, mas nunca devemos esquecer do objetivo principal, de onde queremos chegar. Eu, por exemplo, crio vários negócios, cada um com uma estratégia diferente. Preciso fazer trabalho interno grande para não me perder nas distrações e focar na estratégia inicial até o fim.

Mas o que percebo é que a maioria das pessoas não tem estratégia nenhuma, e com o tempo isso que começa no micro vai reverberar no macro. Como? É só prestar atenção em você mesmo: se estiver lendo um livro, é comum que se distraia com uma mensagem no celular e de repente esteja assistindo a um vídeo numa rede social. Quando você se dá conta, a estratégia inicial, que era ler aquela obra toda, foi por água abaixo, porque as distrações o tiraram do foco principal.

Para ser um bom estrategista é necessário perceber como anda seu foco: se você está focado nas microestratégias, certamente elas alimentarão as suas macroestratégias. Para isso, é importante criar uma rotina de sucesso dentro do nosso *target* e da meta que traçamos, seguindo sempre adiante. Ela pode até dar errado, mas vai nos levar a algum lugar.

Quando eu trabalhava no ambiente corporativo e não gostava do que fazia, era o rei das distrações: tudo era motivo para sair da minha mesa de trabalho. Comia biscoitinho, tomava cafezinho, tudo falta de estratégia minha e falta de comprometimento com a estratégia do meu empregador.

Se estiver numa direção ou dentro de um time, comprometa-se a seguir aquela estratégia e vá adiante com ela. Não há nada pior que um estrategista desgovernado atirando para todos os lados.

12%

Quentin Tarantino

Gratidão constante

Gratidão é um dos temas de que mais gosto de falar. E, por incrível que pareça, Quentin Tarantino, o diretor de cinema responsável pelo clássico *Pulp Fiction*, também aborda o assunto.

A frase de efeito que escolhi para enriquecer sua mente hoje é a seguinte: "Toda vez que tenho pena de mim mesmo, eu penso: 'Pobrezinho, ele está tendo a vida que sempre sonhou'".

Acho que todos deveríamos pensar assim, refletindo e contabilizando as bênçãos que recebemos diariamente. Afinal, a gratidão é um exercício. Ter consciência do nosso lugar no mundo já é uma boa forma de agradecermos por estarmos vivos. Aliás, só o fato de termos nascido já deveria nos deixar plenos de gratidão.

Na minha rotina diária e na dos meus filhos, gosto de fazer o exercício das três bênçãos. Essa atividade, que comprovadamente traz mudanças na neuroplasticidade do cérebro quando praticada, é muito simples: consiste em enumerar três coisas boas que aconteceram no dia.

Os meninos costumam mencionar momentos que vivemos em viagens – como a vez em que viram um peixe-boi ou uma baleia ou quando estiveram diante da aurora boreal –, mas também sempre incluem pequenos momentos do dia a dia, como uma comida gostosa ou uma brincadeira que fizeram durante o dia.

Com minha esposa, pratico uma versão mais completa. Além de agradecer, temos de escrever à mão três coisas pelas quais somos gratos e especificar o porquê. Por exemplo, se minha esposa trouxe um café para mim no meio da tarde, quando fez uma pausa, eu sou grato a ela porque se preocupou comigo e pensou em mim mesmo com a correria diária.

Pode parecer algo bobo, incapaz de mudar sua vida, mas garanto que esse 1% pode transformar a maneira como você dorme e acorda todos os dias.

13%

Christian Barbosa

Pare de correr e comece a andar

Se você nunca ouviu falar de Christian Barbosa, pare de ler este livro agora e anote esse nome. Ele, que é um mestre da produtividade, me ensinou a priorizar hábitos de sucesso e a ter uma vida focada e produtiva. Seus ensinamentos mudaram o rumo de empresas e empreendedores, orientando-os a performar de forma mais efetiva e eficaz.

Já li alguns livros dele e aconselho que você também leia. Uma das frases que aprecio é a seguinte: "Pare de correr e comece a andar". Ela faz todo o sentido.

Muitas pessoas correm o tempo todo, apagando incêndios em vez de usar o tempo de maneira inteligente, focando no que é realmente necessário, com antecedência. Sua tríade do tempo consiste em se concentrar 70% no que é importante, 20% no que é urgente e 10% no que é circunstancial. Sabe aqueles gastos inúteis de tempo, distrações e atividades que não levam a nada?

A maioria das pessoas faz exatamente o contrário, mas minhas desculpas sumiram quando aprendi a me planejar. Eu transformei minha vida com os hábitos de produtividade que Christian Barbosa ensinou, e acho que você também pode transformar a sua.

A maior doença do mundo corporativo é que os colaboradores dedicam 80% da atenção a resultados circunstanciais, rotineiros, que não os tiram do lugar. Todos nós procrastinamos, mas operar em alta performance significa saber exatamente o que procrastinar, concentrando a energia no que realmente importa. Já na baixa performance o colaborador procrastina o que é importante, tornando-se improdutivo.

Um hábito de sucesso é depositar 70% do seu foco nas atividades mais importantes para você. Mas no dia a dia as pessoas fazem justamente o contrário. Gosto de sempre me perguntar: "Isso vai me levar para mais perto do meu sonho?". Se a resposta for não, coloco aquela atividade em *stand by* imediato. Vou olhar WhatsApp sem critério? Não. Tenho hora para tudo, todos os dias. Exercício físico, meditação, trabalho. Sei o que me traz resultado e quais hábitos podem fazer de mim uma pessoa melhor e mais produtiva. E minha dica é que você faça isso obsessivamente todos os dias.

Olhe as prioridades e veja o que pode fazer hoje. Comece pelo mais importante. Saiba que será o item mais desafiador, mas termine-o primeiro. Pare de focar na distração. Ser distraído é um péssimo negócio e não vai te levar a lugar nenhum. Distração é o veneno da vida.

14%

Abilio Diniz

Tenha hábitos de sucesso

Abilio Diniz é um homem que eu admiro. Fundador de uma grande rede de supermercados e empreendedor nato, ele manja de negócios e é apaixonado por desafios. Esse é o grande legado da vida dele.

Uma de suas falas conhecidas é: "Uns sonham com o sucesso; nós acordamos cedo e trabalhamos duro para consegui-lo". E é exatamente isto: ser *hardworking* é trabalhar pesado, com muita disciplina para construir os resultados.

Se você não buscar dia após dia a evolução – de si mesmo, da sua mente, do seu físico, de tudo –, corre o risco de ficar satisfeito com a quantidade de conteúdo e informação que já tem. A soma dos hábitos diários é que irá leva-lo aos resultados que deseja.

Só entendi esse caminho quando me dediquei a estudar o que as pessoas de sucesso faziam para que estivessem onde estavam naquele momento. Até então, eu tinha uma série de hábitos que não me levavam a lugar algum. Então, no meu dia a dia, passei a me conectar mais, comecei a ler, conheci pessoas diferentes e busquei diversidade. Isso fez com que eu criasse repertório e, principalmente, hábitos de sucesso.

A sacada do Abilio é trazer isso para os hábitos diários: é inconcebível o ser humano acordar sem saber o que vai fazer no dia. Comecei a criar hábitos de sucesso e a selecionar atividades que eu sabia que alavancariam meu potencial. Depois que você estabelece uma rotina assim, fica fácil segui-la até o fim.

Passei a trabalhar vários pilares da vida e dividi meus dias em vários blocos. De manhã, trabalho o corpo e a mente com atividade física e muito estudo: livro, áudio, palestra, vídeo. Na parte da tarde, realizo uma ação intensa direcionada a todas as metas e aos projetos desenhados. Sem esquecer, é claro, da família, que deve ser prioridade, sempre com horários reservados para passar um tempo de qualidade juntos.

Ter disciplina com os hábitos de sucesso possibilita focar naquilo que traz mais resultado. Passe a escolher fazer aquilo que leva mais para perto dos seus sonhos, evitando distrações e valorizando oportunidades.

Este é o 1% que você vai levar hoje: a motivação te faz começar, mas hábito e disciplina ganham o jogo.

15%

Albert Einstein

O sucesso é relativo

Albert Einstein foi um físico alemão que revolucionou o mundo com suas teorias, entre elas a teoria da relatividade. Uma das frases dele que gosto muito é a seguinte: "Se esforce não para ser um sucesso, mas para ser valioso".

Por que não para ser um sucesso? Porque o sucesso é relativo. O que para uma pessoa é considerado sucesso, para outra pode não ser.

Mas ser valioso é muito importante, isso sim. Quanto você vale dentro do seu mercado de atuação? Dentro do seu mercado você tem que ser o melhor! A busca por conhecimento, experiências e crescimento deve ser constante. Essa é a única certeza para que o amanhã seja melhor que hoje.

Tem gente que não nasceu para empreender. Tenho grandes amigos que trabalham no mercado corporativo e estão extremamente felizes assim. (Lembra do lance de colocar o coração na atividade e impactar o mundo de alguma forma? É isso aí.)

Tente ser o melhor dentro da sua atividade, seja você funcionário ou empreendedor. Investir em você é sempre o melhor investimento. Então, se trabalha num ambiente que te valoriza, aproveite para se desenvolver. Mesmo não sendo dono do próprio negócio, quanto mais iniciativa e capacidade de inovação você tiver, maior será seu valor dentro e fora da empresa. Se eu pudesse dar apenas um conselho, diria: inove sempre.

Na escola, fui medíocre do começo ao fim. Não me esforçava. Quando entrei no mercado de trabalho, também fui medíocre porque perdi a minha essência. Além disso, ter um salário me esperando no final do mês tirava a minha motivação para fazer algo a mais.

Sabe quando fiz algo a mais? Quando era vendedor de tênis, fazia muito mais do que era solicitado porque ganhava comissão conforme vendia. Fui o melhor vendedor e atendia quatro pessoas por vez porque estava motivado a fazer uma viagem com aquele dinheiro. O objetivo era claro. Mesmo sendo funcionário, estava inovando, entregando mais do que pediam – ninguém ali atendia quatro clientes de uma vez.

É preciso ter sempre um objetivo em mente, e ele deve direcionar todas as suas escolhas de vida. Meus filhos, por exemplo, têm o objetivo de comprar um jogo de videogame de trezentos reais. Estimulados por isso, eles querem saber o que fazer para juntar essa quantia, e eu e minha esposa ensinamos que precisam fazer algo *hoje*.

Para você, o sucesso pode estar no topo da carreira, mas o que importa mesmo são as conquistas diárias e a jornada. Tanto faz se você deseja uma carreira de sucesso ou um jogo de videogame. Seja qual for sua meta, você só atingirá o sucesso quando praticar todos os dias algo que te faça crescer. Que te faça ser valioso. Assim, no caminho para conquistar o que deseja, você se torna uma pessoa melhor. E é isso que realmente importa.

16%

Chaves

Tá bom, mas não se irrite

Sou um fã incondicional do Chaves, esse personagem icônico que continua a fazer a alegria de crianças e adultos.

Ele, um menino que representa a pureza e a inocência da criança e que sempre acaba sendo esculachado pelos colegas e vizinhos da vila, também traz reflexões a partir de frases efeito que ficaram bastante conhecidas. Uma delas, que ele tem sempre na ponta da língua, pode nos servir até hoje: "Tá bom, mas não se irrite".

Já parou para pensar em quantas vezes perdemos o controle das situações porque nos irritamos? É preciso perceber quando as palavras são controladas pelas suas emoções ou pela sua mente. Quando eu era mais novo, deixava muito minha boca ser controlada por uma emoção momentânea, retrucando quando as pessoas diziam algo de que eu não gostava. Mais tarde, percebi que minha boca precisa ser controlada pela minha mente.

Depois de ter filhos, percebo como o "não se irrite" é importante, tanto no ambiente de trabalho quanto dentro de casa. E para ser um líder aprendi que a liderança começa dentro do próprio lar.

Quando faz uma coisa errada, o filho pode deixar os pais de cabelo em pé. É muito irritante presenciar um comportamento que não corresponde ao que acreditamos que seja adequado. Isso é capaz de desequilibrar qualquer um. Nessas situações, é natural repreender, mas aos poucos aprendi a traçar algumas estratégias para não ter relações pautadas pelo estresse. Hoje, devolvo sempre algumas perguntas: "Por que você fez isso? Qual era sua intenção? De qual outra forma você poderia ter agido?".

É possível fazer isso com todas as pessoas que nos tiram do eixo. Analise os seus relacionamentos e pense em como está criando emoções a partir de reações.

E não se esqueça: não se irrite!

17%

Bernardinho

Vencer é uma consequência

Eu quero falar do Bernardinho, verdadeiro ícone do vôlei. Ele, além da admiração dos brasileiros, acumulou mais de trinta títulos em sua trajetória, dentre os quais há várias medalhas olímpicas.

A frase, que me marcou e que está no livro dele e que ele sempre diz em suas palestras, é: "A vontade de se preparar tem que ser muito, mas muito maior do que a vontade de vencer; vencer é uma consequência".

A medalha de ouro do Bernardinho é celebrada até hoje, mas ninguém lembra do que ele estava fazendo todo santo dia antes de uma competição olímpica: os passos, treinos e batalhas que aconteceram incansavelmente nos bastidores até chegar ao tão sonhado ouro.

E exatamente a mesma coisa acontece com a gente: todo mundo vê o seu sucesso, mas ninguém quer saber o quanto você se dedicou diariamente até chegar ao topo.

Por isso a paixão pelo processo tem de estar presente sempre. Sucesso é bom, mas a correria é importante. Cada gota de suor conta. As horas que você se dedica para construir seu futuro são determinantes.

Vai ter dia que o voo vai atrasar, que você vai trabalhar até mais tarde, que a vida vai lhe trazer desafios e obstáculos de todos os tipos e tamanhos, mas você precisa ter resiliência e garra, porque o sucesso futuro é construído no hoje.

Não é uma única tacada. É uma trajetória feita lentamente, passo a passo. E a soma desta trajetória intensifica nossa força e nos torna ainda maiores.

Então, é por isso que eu digo: Você fazendo isso, se dedicando com paixão diariamente, com certeza o sucesso é garantido, é a consequência.

18%

Caio Carneiro
Seja FODA

Quem conhece o Caio Carneiro sabe que ele é um cara FODA: **f**eliz, **o**timista, **d**eterminado e **a**bundante. Estas características, que dão nome ao seu primeiro livro, me fazem ter a certeza de que estou ao lado das pessoas certas.

Além de um grande amigo, tenho o privilégio de trabalhar com ele e ver de perto o profissional em que ele se transformou, sempre transcendendo os próprios limites e criando novos desafios. Para mim, esta frase é muito mais do que 1% ao dia para enriquecer sua mente. Ela é capaz de enriquecer sua vida.

Aprendi a ser FODA com a minha avó, Maria Letícia. Ela sempre foi uma figura central em casa, que não nos deixava cair no vitimismo e entendia que a felicidade e a positividade andavam sempre juntos.

A Nonna queria viver até os cem anos de qualquer jeito. Sua determinação era tanta que no aniversário de 97 anos ela pediu que o bolo tivesse as velas 100 - 3. Além de feliz e otimista, a maneira como ela levava a vida fazia com que quem estivesse por perto se sentisse abundante.

Aos 98 anos, fazendo pilates, zombava das amigas que não conseguiam se levantar da cadeira com facilidade. Recebia filhos e netos e tinha sempre uma maneira de unir todo mundo, um verdadeiro elo de sorte da família.

Para mim, ser FODA é isso. Tanto o Caio quanto a Nonna são exemplos de que, alcançarmos a vida que queremos ter, basta agir com determinação e com o comportamento adequado.

Se é para enriquecer a mente, entenda que todos os nutrientes que você utilizar para alimentá-la devem ser de primeira qualidade. Quem quer ser FODA precisa, em primeiro lugar, cercar-se de pessoas que também o sejam. Porque mesmo depois que elas se forem, como a Nonna, vão servir de inspiração para filhos, netos e capítulos de livros, deixando como legado uma vida que vale a pena ser contada.

19%

Usain Bolt

Dificuldades testam nossa força

Usain Bolt é o gigante do atletismo. Reconhecido como o homem mais rápido do mundo, Bolt quebrou recordes ao conquistar oito medalhas de ouro em provas de velocidade.

Mas a contribuição de Bolt para nós transcende os recordes. Em suas entrevistas, ele nos ensina que "as dificuldades são desenvolvidas por Deus para testar o quanto somos fortes".

Quando ouvi esta frase da boca dele pela primeira vez – e ele ressaltou que todos passam por momentos difíceis e que os desafios são pontes para que a gente cresça –, lembrei imediatamente da Rebeca, minha esposa.

A Rebeca, para mim, é um exemplo de mulher cuja dificuldade, além de testar a própria força, pode tornar alguém mais amoroso, compreensivo e resiliente perante os desafios que a vida apresenta.

Há alguns anos seu irmão sofreu um acidente grave de automóvel no banco do passageiro, que o deixou em coma. Durante dois anos seus pais se dedicaram totalmente aos cuidados do filho. A união daquela família era tanta que, sem precisarem se organizar formalmente para isso, todos sabiam que o irmão deveria ser o centro das atenções, e se revezavam nos cuidados com muito amor e dedicação. A mãe praticamente morou no hospital, e o pai, que trabalhava o dia todo, passava no hospital sempre que não era solicitado no trabalho. Por isso, enquanto terminava a faculdade, a Rebeca acabou assumindo as tarefas da casa e se dedicou a cuidar de toda a família.

Logo depois do falecimento do irmão, seu pai foi diagnosticado com um câncer que o levou dois anos depois. Foi um longo período de provações para a família. Mas a cada dificuldade eu via nos olhos dela uma mulher mais forte. Ela lidou com tudo com muita coragem, sem se deixar abater, tentando sempre ser firme perto da mãe e do irmão mais novo. Apesar de tudo, ela nunca reclamou. Pelo contrário, todos eles, ela, a mãe e o irmão, sempre foram incrivelmente positivos, gratos pela vida, verdadeiras referências para mim.

Rebeca se tornou a mulher forte, amorosa e determinada que é hoje porque foi talhada pelo sofrimento e viu que pode enfrentar qualquer desafio. Nada pode abalar a minha esposa.

Ao lado dela, entendo que posso aprender através dessas experiências que nos traumatizam, entristecem e deixam marcas, e que os maiores ensinamentos estão nas dificuldades que superamos, no cair, levantar e seguir adiante.

Se você está abatido por uma grande dificuldade, não duvide da sua força. Seja sempre grato em seu coração, e garanto que você vai conseguir superar todas as batalhas.

20%

Bill Gates

Cliente feliz é o maior aprendizado

Bill Gates é um dos grandes mentores da atualidade. Ele costuma dizer que um cliente satisfeito é a maior fonte de aprendizado do seu negócio, dos seus produtos, do seu serviço. Por isso, aponta que devemos avaliar bem nossos clientes, aprender com eles, pedir um feedback sincero, fazer pós-venda, vender novamente. O grande segredo da venda é ela acontecer não só uma vez, mas de novo e de novo e de novo. Porque na primeira vez pode ser sorte, mas da segunda em diante é técnica e qualidade.

Então, se você não escuta o seu cliente, está na hora de começar. Não existe mais "eu faço, você aceita e compra". A máxima agora é "nós fazemos". Tudo hoje é colaborativo.

Como você vai validar um negócio se não sabe nem o que seu cliente quer?

Em geral, e também digo por experiência própria, sei que 90% é emocional. Sempre me envolvo muito fisicamente, ouvindo os desafios e os obstáculos das pessoas. Nesse ponto, use as habilidades que você construiu durante a sua trajetória para conquistar esse carinho e reconhecimento. Se você não faz isso bem-feito, vende uma vez e nunca mais.

Na venda direta, vi que precisava acolher mais o cliente, porque ele é a parte central do negócio. Perceber o que as pessoas querem dentro do seu mercado de atuação faz de você alguém diferenciado, que se conecta com o que é de fato valioso. Sempre procurei ouvir com humildade para não correr o risco de oferecer algo que o cliente não desejasse. Procurando entender quais eram as suas necessidades, podia fazer algo por ele que realmente gerasse valor.

O seu lucro deve ser consequência de um trabalho bem-feito, mirando sempre no cliente, que é a pessoa mais importante de toda a operação.

Ouvir é ouro; falar é prata. Escute o que seu cliente tem a dizer.

21%

Sam Walton

Empodere o seu time

A família de Sam Walton, o cara que fundou a gigante Wal-Mart, tem hoje uma fortuna estimada em 150 bilhões de dólares. Um *insight* que ele me trouxe, muito útil no nosso dia a dia, foi que se você empoderar o seu time e elevar a autoestima dessa galera que está com você, todo mundo ganha.

Sam dizia que "acreditando nelas mesmas, pessoas comuns podem fazer algo extraordinário todos os dias". Ele se preocupava muito em levantar a bola de todos, dar o feedback na hora certa, reconhecer e motivar os colaboradores. Não foi à toa que criou essa fortuna: Sam formou um exército do bem, confiante, trabalhando com um objetivo muito claro.

Quando você tem uma empresa ou exerce a liderança numa atividade em grupo, em qualquer grau que seja, todos precisam estar na mesma vibração e na mesma atmosfera. Mesmo que alguns sejam colaboradores e não empreendedores, o maior desafio na companhia é transmitir o propósito do fundador do negócio, deixando todos na mesma sintonia.

O alinhamento de propósito é primordial dentro de uma empresa, e uma maneira de duplicar sua liderança é estar atento a empoderar seu time. Não posso ser o único. É muito claro para mim que quanto mais eu centralizar, menos resultado vou ter. Tenho que transferir liderança e duplicar o conhecimento.

Em muitas empresas ainda é comum os líderes guardarem informações para si, com medo de que alguém puxe o tapete ou tome o lugar deles. Mas as relações de negócio estão se transformando, e é preciso que saibamos transferir conhecimento.

As pessoas não acreditam em si mesmas, não conseguem perceber o que são capazes de fazer. E muitas vezes nem sequer ousam tentar. Digo isso pensando no exemplo do Bento, meu filho, que há alguns meses estava aprendendo a andar de bicicleta sem as rodinhas. Ele não acreditava em si mesmo, mas eu estava atrás dele, fazendo-o crer que podia. Ele confiou no meu olhar, que transmitia a certeza que eu tinha de que ele ia conseguir, só bastava tentar. Naquele momento, éramos um time, porque estávamos alinhados: eu o empoderei, dizendo que conseguiria, e ele acreditou que podia fazer.

É isso que ajo na vida pessoal e na empresa. A família é o berço da liderança, é onde vejo como as situações podem ser contornadas. Naquela ocasião, estar presente ao lado do meu filho, olhando para ele como o gigante que o enxergo, fez a diferença.

No meu negócio, já presenciei centenas de pessoas desacreditadas que transcenderam seus limites ao ouvir um simples "Eu acredito em você". Busque o gigante dentro de cada colaborador, dessa forma você dará oportunidade para as pessoas crescerem cada vez mais, mesmo quando se sentirem pequenas.

22%

Jorge Paulo Lemann

Assuma riscos

Jorge Paulo Lemann é apenas o cara mais rico do Brasil – e um dos mais ricos do mundo, com uma fortuna avaliada em mais de 23 bilhões de dólares.

Algumas de suas dicas são fundamentais, e desta aqui eu assino embaixo: "O maior risco é não se arriscar". As coisas mais incríveis da vida acontecem quando você avança, vai para a frente, arrisca. Se hoje você não correr algum risco, pode ser detonado e moído. E ser triturado não vai fazer de você uma pessoa melhor.

Estima-se que 65% das crianças que estão agora no primeiro ano do ensino fundamental vão trabalhar com profissões que ainda não existem. Percebe como precisamos arriscar mais?

Em dez anos, 50% das profissões do mercado atual não existirão, e em vinte anos acredita-se que esse número subirá para 80%, segundo o Fórum Econômico Mundial. Como você pode não arriscar?

Para mim essa não deve ser mais uma palavra para te assustar. "Risco" tem que fazer parte do cotidiano de todas as pessoas, parte do seu vocabulário. A escola precisa nos ensinar a arriscar, tentar, ir para cima, sair do óbvio. É isso que defendo todos os dias.

Eu me envolvi em dezenove negócios diferentes. Com isso, notei que arriscar sem ser irresponsável abre portas que nunca tínhamos imaginado abrir em nossas vidas. Sempre que inicio um novo empreendimento ou arrisco em atividades que não domino, o primeiro grande ponto para eu saber que rumo vou tomar é sempre falar com pessoas que passaram pelo mesmo caminho e eventualmente erraram.

Aí, é preciso filtrar o que deu certo e errado. Acho importante calcular o risco conversando com pessoas do mesmo segmento e atividade – é sempre preferível aprender com o erro dos outros do que com os seus próprios, mas é ainda melhor aprender com os acertos dos outros. Ao mesmo tempo, é preciso abrir os olhos para compreender as diferentes opiniões, porque o fracasso do outro não pode servir de impeditivo para que você dê o próximo passo.

Já comprei imóveis sem ter dinheiro no banco, só pagando as parcelas e esperando a chave do imóvel chegar, imaginando que em dois anos eu teria uma vida melhor, que me desse condições de pagar o financiamento. Eu me arrisquei muito ao longo da vida e vejo que em muitas ocasiões fui irresponsável em vez de ousado.

Hoje eu ainda faço as minhas, mas tenho mais responsabilidade. Só assumo o que posso pagar. Se entro em um negócio em que preciso investir 500 mil é porque sei que posso abrir mão dessa quantia e dormir tranquilo à noite, sem medo de algum imprevisto, como já aconteceu no passado. Escolho sempre investir no novo, não sou conservador.

O mundo está em constante transformação. O maior risco que você corre é ficar estático e não experimentar um caminho diferente. Você não vai querer ser atropelado pelas inovações.

23%

Michael Phelps

Resultados requerem sacrifícios

Costumo dizer que o atleta Michael Phelps é praticamente um peixe humano: bateu quase quarenta recordes mundiais nas piscinas. Ele é obcecado por resultados extraordinários e faz o que faz de maneira apaixonada. E essa paixão por si só já traz resultados fantásticos.

Só que, para obter esses números incríveis, ele tem uma fórmula: "Se você quer ter resultados extraordinários, tem que fazer sacrifícios extraordinários". Essa frase explica bem como ele chegou aonde chegou. Não foi fazendo treinos esporádicos nem com uma disciplina igual à dos outros nadadores profissionais. Phelps é o cara que bate um recorde hoje e amanhã já está dentro da piscina treinando.

Muita gente não percebe que para chegar ao topo é preciso ter confiança no seu melhor hoje, mas o resultado imediato não garante a vitória de amanhã. É preciso treinar todos os dias se quiser se manter no pódio.

Já o ouvi dizer em entrevistas que quase não se lembrava de ter ficado um dia sem treinar. Isso prova que ele pratica até conseguir o resultado que deseja, muito focado na meta que estabeleceu para si.

O mais curioso disso tudo é que Phelps era considerado um garoto problema quando estava em idade escolar. Era excluído do grupo, hiperativo; ninguém apostava que ele seria alguma coisa na vida. A questão é que ele se apaixonou pelas piscinas e decidiu que seria o melhor, e esse hiperfoco fez dele um *expert*.

A época em que encontrei a minha veia de atuação no marketing de relacionamento veio depois de um período de imersão e ação massiva dentro de certas atividades. Viajei o Brasil inteiro e não participei de datas comemorativas na família, como Dia dos Pais, Dia das Mães e aniversários. Ainda bem que deixei uma foto minha com a minha esposa, para que ela não se esquecesse de mim. Foi um sacrifício – principalmente porque fé e família são prioridades para mim –, mas tudo foi combinado dentro de casa, e nesse acordo conseguimos estabelecer as regras do jogo.

Para o sacrifício valer a pena, o casal deve estar em sintonia. Não vale a pena se sacrificar se o outro não concorda ou se não há parceria entre o casal. Para nós, esse período praticamente ausente foi determinante, e depois disso colhemos milhões em resultado – e não digo apenas financeiro.

Nesses meses eu dormia pouco, viajava muito, trabalhava intensamente e via os primeiros resultados aparecendo, mas persistia como se ainda não tivesse conseguido chegar onde gostaria. Essa ação massiva e constante foi determinante para ganhar disciplina e treinar a mente no foco do meu objetivo e da conquista que ainda estava no plano dos sonhos. E esse movimento intenso em direção aos objetivos repercutiu e reverberou pelos dez anos seguintes.

Se você sabe o resultado que deseja obter, se tem um objetivo claro, acredito que basta persistir por tempo determinado. E, acima de tudo, firmar acordos com as pessoas envolvidas no seu dia a dia, porque não vale a pena sacrificar a saúde ou o casamento por um ideal e depois perceber que perdeu aquilo que tinha de mais valioso.

Aqui vale lembrar que o sacrifício também é relativo. É uma visão macro, mas não acredito que os treinos do Phelps sejam um sacrifício, porque ele ama o que faz. E faz o que ama. São desafios, que sempre existirão.

O que pode ser sacrificante se você ama o que faz? Pense no resultado que quer obter e aja como o Michael Phelps – determine o sacrifício que fará aquele resultado valer a pena. Seja acordar mais cedo ou dormir mais tarde, talvez seja necessário abdicar de prazeres momentâneos para conquistar glórias permanentes.

24%

Elis Regina

Viver é melhor que sonhar

Elis Regina foi considerada pelos críticos a melhor cantora popular do Brasil. Determinada, sempre soube o que quis, desde o dia em que desembarcou no Rio de Janeiro para participar de uma audição importante, da qual foi desclassificada. Nesse dia ela decidiu que não desistiria. Seguiu os produtores de um show até um pequeno bar e apresentou-se. O que aconteceu depois todo mundo já sabe: Elis ajudou a criar um novo estilo musical, que logo depois seria batizado como MPB, e se tornou uma gigante da indústria fonográfica, vendendo milhões de discos mundo afora.

Uma das célebres frases que ela cantou foi: "Viver é melhor que sonhar". E como era uma sonhadora e sabia que não desistiria até realizar tudo o que queria, chegou ao topo.

Elis dizia que vivia para realizar os próprios sonhos. E aí eu te pergunto: o que você sonha? Quanto custa seu sonho? Você quantifica seu sonho? Elis Regina sabia exatamente aonde queria chegar: queria cantar para grandes plateias mundo afora e fazer da sua arte seu ganha-pão. Para isso, fez esforços desmedidos.

Quando falo de sonho, vejo muitas pessoas listando coisas que nunca saem do papel, como se jamais pudessem ser realizadas. Como não quantificam o sonho e não colocam na ponta do lápis, não vivem aquilo que querem tanto realizar.

"Viver é melhor que sonhar" porque quando temos a vida dos sonhos podemos sonhar ainda mais alto. Sempre quis ter a vida que tenho hoje e pensava em como realizaria tudo o que eu ambicionava, mas jamais deixei de gostar da trajetória. Os sonhos devem sim nos acompanhar constantemente, mas precisamos saber como vamos chegar aonde queremos.

O trabalho que você exerce hoje te aproxima ou te afasta do seu sonho? Se aproxima, persista. Se afasta, por que você persiste nele?

Se queremos realizar sonhos, devemos nos questionar diariamente e agir para que possamos nos aproximar deles.

Só assim viver será sempre melhor que sonhar. Porque viver a vida dos sonhos não tem preço.

25%

James Corden

O que realmente existe é o tempo

"Dinheiro é lindo, mas a única coisa que realmente existe é o tempo." James Corden, um dos maiores comediantes do mundo, é o autor desta frase que deveria estar estampada no espelho de casa.

Corden começou a carreira na Inglaterra e depois se mudou para os Estados Unidos, onde, além de ser um grande ator, faz programas de comédia. Um dos seus quadros mais famosos consiste em dar carona para artistas como Paul McCartney, Lady Gaga e Céline Dion enquanto cantam juntos seus maiores sucessos. Não é à toa que os vídeos viralizam no mundo todo.

Mas quando percebeu que seu trabalho estava comendo o tempo que tinha com sua família, decidiu que era hora de rever algumas coisas. Valorizando a família, ele percebeu que chegou ainda mais longe, sem renunciar àquilo que era mais importante na vida, sua verdadeira raiz.

O equilíbrio na vida é fundamental, e isso inclui olhar detidamente todos os pontos para que possamos crescer. Há pessoas que se concentram em algumas áreas e deixam outras de lado, mas não percebem que isso a longo prazo é insustentável para qualquer ser humano.

Observe como estão todos esses aspectos sua vida e perceba que, assim como seu carro fica desalinhado se um dos pneus está furado, sua vida sai dos eixos caso as rodas não estejam todas girando ao mesmo tempo. Sua vida não vai funcionar se concentrar todos os esforços em uma área e deixar a outra deficiente, seja ela qual for.

Quando comecei a ter uma explosão de resultados, trabalhava 24 horas por dia, sete dias por semana, sem nem pensar em mais nada. Foi aí que decidi colocar os domingos como sagrados, de conexão

100% com a família, mesmo nos momentos atribulados. E isso passou a ser quase religioso.

Seu tempo é precioso demais para ser desperdiçado. Avalie o que é valioso e saiba distribuir a sua energia por todas as áreas da vida.

26%

Stephen King

Antes da vitória vem a tentação

Stephen King, um dos escritores com mais livros vendidos pelo mundo e cuja fortuna é avaliada em mais de 400 milhões de dólares, costuma dizer algo que certamente poderá guiar você neste momento: "Antes da vitória vem a tentação". Pode perceber: antes da grande conquista, principalmente como empreendedor ou como alguém que esteja buscando um cargo mais alto, você vai passar por tentações, distrações, pessoas tentando tirá-lo do trilho.

O que fazer nesses momentos? Você vai ter de ser forte, porque essas fases são importantes para que você ganhe força para chegar ao objetivo final. As pessoas que têm a capacidade de desviar você do caminho geralmente são as pessoas próximas, amigos e familiares. A intimidade pode fazer com que digam coisas que te desanimem.

Por exemplo, muitos de nós acabam desistindo dos próprios sonhos antes mesmo de entrar na faculdade, porque os pais não acreditavam que aquele seria o melhor caminho. É assim que os sonhos começam a ficar de lado.

Às vezes estamos tão próximos a uma conquista que quase chegamos a tocá-la, mas contamos para amigos que nos jogam um balde de água fria. Para ganhar imunidade contra esse tipo de banho gelado, sempre tive em mente as frases que poderiam ser ditas caso eu desistisse da minha busca.

Uma delas, que martelava na minha mente, era a seguinte: "Eu não falei que ia dar errado?". Eu sabia que jamais ia querer ouvir isso de qualquer pessoa que tinha duvidado de mim, então seguia firme no meu caminho, até conquistar aquilo que procurava – ou morrer tentando.

Se hoje você está rodeado de pessoas que te distraem do seu objetivo, seja porque não acreditam nele, seja porque acham que sabem o que é melhor para você, respire fundo e continue trilhando seu caminho em direção à vitória. A tentação de desistir fará com que você entenda o tamanho da sua vontade de persistir e chegar aonde quer.

27%

Aristóteles

Se não quer crítica, seja nada

Aristóteles, grande filósofo discípulo de Platão, é autor das melhores frases e *insights* que o mundo conhece até hoje. Uma citação sua que me acompanha há anos é a seguinte: "Só existe uma forma de evitar a crítica: não faça nada, não diga nada e não seja nada". Ou seja: se realmente você não quiser alçar grandes voos, nem tente sair do lugar, porque o sucesso e as grandes realizações exigem crítica, feedback e uma série de coisas que você vai ter que estar preparado para receber, avaliar e absorver para dar o próximo passo.

Acredito que nos falte um estímulo acadêmico nesse aspecto - ao longo do livro vai perceber que bato muito nessa tecla sobre os estímulos na escolarização. Quantas vezes você levantou a mão em sala de aula para fazer uma pergunta para o professor? Eu não levantava porque tinha medo de errar, de ser julgado, de as pessoas me olharem diferente. O medo da crítica me impedia de agir. Talvez você já tenha sentido o mesmo.

Ter medo da crítica não treina ninguém para o futuro. Se hoje as crianças não são treinadas para errar, receber críticas ou falhar, que tipo de adultos estamos formando? Os jovens deveriam poder levantar a mão várias vezes, errar várias vezes, ser criticados várias vezes. Até saber que estão prontos.

Para tentar criar filhos que sejam hábeis em fazer, independentemente do resultado obtido, eu e minha esposa os incentivamos desde pequenos a passear pelas diversas rodas no parque, cumprimentando outras crianças, na tentativa de fazer novas amizades. Em casa, nas lições, estimulamos que acertem e errem. É melhor errar tentando do que não tentar.

Esse 1% é para a sua vida: esqueça a crítica e aja, ou se contente em ser nada.

28%

Steven Spielberg

Saber contar uma história

Quem nunca se encantou por *E.T.*, *Jurassic Park* ou *Indiana Jones*? Todas essas aventuras que povoam nosso imaginário nasceram da mente da mesma pessoa: Steven Spielberg. Um cineasta cuja fortuna é avaliada em quase 4 bilhões de dólares.

Para qualquer um que queira se inspirar em Spielberg, a grande sacada é saber contar uma boa história. Quem consegue emitir sentimento e emoção quando narra algo prende a atenção do outro. E isso você pode exercitar no seu dia a dia, seja numa palestra, numa reunião, numa conversa. As histórias são um caminho-chave para fazer com que as pessoas se lembrem do conteúdo do que foi conversado.

Eu, que tive o nome escolhido antes mesmo de nascer, percebo que me conectar com histórias me traz grandes ensinamentos. Já contei como minha mãe ficou fascinada pela história de Fernão Capelo Gaivota, a gaivota que se desafiava a alçar voos cada vez mais altos. Isso determinou boa parte de quem sou hoje. Quando ouvimos as histórias das pessoas sobre onde e como chegaram, nos inspiramos. Da mesma maneira, também podemos inspirar os outros com a nossa própria história.

É preciso aprender a compartilhar as experiências que vivemos, nossas dores e nossas vitórias. O valor da história é esse. E elas conquistam, inspiram, emocionam, ficam gravadas no coração das pessoas. Não guarde a sua história para você: compartilhe-a com os outros. Ela pode ser a fonte de inspiração de alguém.

Hoje existe muita informação jogada de qualquer jeito na internet, e muita gente não percebe que o grande diferencial está em como essa atenção é capturada. Histórias fazem esse papel.

Portanto, conte histórias da sua vida para fazer metáforas sobre aquilo que você quer dizer, e entenda que existem histórias que podem propiciar reflexões ou emoções que mudam a vida de outras pessoas. Não subestime o valor delas.

Como diz Spielberg: "Toda história, seja de ficção ou real, traz algum sentido para a nossa vida". E a vida precisa fazer sentido.

29%

Ayrton Senna

Sinta-se vencedor mesmo antes de ser

Ayrton Senna foi um ícone, o maior ídolo que o Brasil já teve. Ele, que dizia que "na adversidade, uns desistem enquanto outros batem recordes", sabia que precisava ser bom naquilo em que os demais eram deficientes. Por isso, quando chovia, enquanto os demais interrompiam os treinos, Senna não parava.

Não era à toa que nas corridas ele performava melhor do que qualquer adversário durante a chuva. Por quê? Porque estava condicionado a enfrentar a adversidade como se fosse um treinamento.

Além disso, ele praticava exercícios mentais muito fortes para visualizar aquilo que desejava, antes mesmo de entrar no carro. O objetivo dos seus treinos mentais era que ele não tivesse a menor dúvida a respeito da própria capacidade.

O melhor aprendizado disso tudo é: devemos encontrar dentro de nós essa força para achar que realmente somos capazes e merecedores de tudo o que desejamos.

Da mesma forma que, antes de a corrida acontecer, Senna mentalizava a si mesmo no pódio, estourando um champanhe, sentindo efetivamente o que estava acontecendo, devemos reservar uma parte do nosso treino diário para exercitar a mente direcionando para nossos objetivos.

Como fazer isso? Além de praticar habilidades e buscar conhecimento, temos que alimentar também a nossa mente. Acreditar, mais que qualquer um, que somos vencedores.

Esse é o ponto mais importante da vida de um cara bem-sucedido. Qual é a sua postura hoje? Como se coloca diante das pessoas e dos desafios?

Quando eu tinha 300 mil reais em dívidas, não me sentava na mesa com o provável futuro cliente para ficar choramingando, transmitindo uma energia baixa, implorando algo. Se eu focasse nas dívidas, em vez de criar uma postura de vencedor, com atitude, eu jamais teria conquistado os resultados que obtive logo depois. Eu precisava vencer a minha mente e me sentir um vencedor, antes mesmo de ser esse vencedor.

Ninguém vira gerente de uma empresa da noite para o dia quando é promovido. Esse colaborador já exercia o papel de gerente há muito tempo, e apenas foi reconhecido como um. Faça um trabalho de campeão, mas convença a sua mente de que ela já é vencedora.

Um exercício que fazemos diariamente com os nossos filhos é toda manhã, no caminho da escola, perguntar a eles: "Qual é a palavra mágica?". Os dois gritam: "Eu sou um campeão!". É assim que começamos o nosso dia.

Esse é o 1% de hoje, porque eu desejo fortemente que você vença.

30%

J.K. Rowling

Não desista no primeiro não

Se você mora neste planeta, já deve ter ouvido falar de Harry Potter. Mas talvez você não saiba que J.K. Rowling, a criadora dessa fantasia que conquistou o mundo, era uma mulher que não tinha dinheiro nem onde cair morta quando decidiu escrever os livros.

J.K Rowling tinha muitas ideias na cabeça e decidiu contar uma história. Recusada por dezenas de editoras, que não viam nela um grande potencial, a escritora continuou escrevendo e enviando seu material mesmo após ouvir inúmeros nãos. Hoje, além de ser a escritora mais lida e vendida no mundo, tem uma fortuna que ultrapassa a da rainha Elizabeth.

Veja quantos paradigmas J.K. Rowling quebrou: uma mulher que ouviu muitos nãos, mas que tem mais dinheiro que a rainha da Inglaterra porque acreditou em seu sonho. Sabe quando as pessoas dizem que o negócio que você está criando não dá dinheiro? Então, como seria se J.K. Rowling tivesse pensado nisso antes de escrever seu primeiro livro? Já parou para pensar que nem sempre o que as pessoas dizem a seu respeito é verdade? Se ela não confiasse no próprio taco ou não acreditasse que aquele livro faria sucesso, onde será que estaria hoje? Já imaginou se ela tivesse desistido no primeiro não?

Uma das frases famosas da escritora é: "Não importa quanto dinheiro você tem, seu valor é gerado quando você encontra aquilo que realmente ama e se entrega". Para se inspirar nela, procure perceber se você parou na primeira negativa. Seja obstinado com a sua história. Confie na sua ideia, mesmo que ninguém mais confie.

Um não é um balde de água fria. Quantos nãos você está aceitando hoje em dia?

Não desista. Para isso, tenho um lema que coloco em prática até hoje: devo fazer até quando? Até dar certo.

Para mim, a vida de um empreendedor pode ser associada com a de um bebê de um ano. Se você disser que ele não pode andar, ele vai querer andar. Vai cair, bater a cabeça, até dar certo. Seu objetivo é andar. Mas ele não vai andar da noite para o dia.

O bebê não aceita um não como resposta. Ele vai cair e se machucar, mas vai chegar lá de alguma forma. O objetivo de andar vai ser alcançado mesmo que ele caia cem vezes. Ele vai se reerguer. E vai persistir até conseguir.

Ressignifique a palavra "não" e consequentemente as suas quedas. Quando você tentar fazer algo e as pessoas disserem que não dá, use isso como combustível e vá aonde ninguém acreditava que seria possível.

Este 1% vai fazer você chegar mais longe do que imagina.

31%

Jack Ma

Impactar o mundo positivamente

Jack Ma, o chinês que transformou as vendas on-line através do Alibaba, é um sujeito uns cinquenta anos de idade que construiu uma fortuna de quase 40 bilhões de dólares. Sua empresa é responsável por 60% das entregas na China.

A frase que ele sustenta é: "Hoje é fácil ganhar dinheiro; difícil é ganhar dinheiro de forma sustentável, pensando em como você pode se responsabilizar pelo mundo". Ou seja: ele constrói seu negócio sempre pensando em como pode impactar o mundo positivamente.

Trazendo isso para a sua empresa, pense em como você pode ganhar dinheiro de forma que mais pessoas se beneficiem do resultado que seu negócio gera. Sempre penso da seguinte forma: se eu estiver numa dúvida cruel entre duas escolhas, opto sempre por aquela que vai beneficiar o maior número de pessoas. Por mais que ela não seja a preferida, o fato de ajudar o todo faz dela a escolha certa.

O 1% de hoje é para fazer você refletir: como está impactando o mundo e as pessoas à sua volta?

32%

Cristiano Ronaldo

Chegou no topo? Continue subindo!

Cristiano Ronaldo é o jogador número 1 no mundo, e é indiscutível que a força dele vem de uma crença poderosa que ele estabeleceu: "Se você acha que é perfeito, aí está o erro. Saiba que você nunca vai ser".

Mesmo tendo sido eleito cinco vezes o melhor do mundo, ele acredita que estar no topo é motivo para continuar subindo. Para ele, esse é o momento da derrota e da queda, porque você vai se acomodar, entrar na sua zona de conforto e acabar de vez com as próximas chances de vitória. Se você já está no topo, precisa olhar para cima e enxergar que ainda existe muito mais espaço para crescer.

Todo dia devemos enxergar novos objetivos e buscar novos resultados, mas isso é fruto de muita dedicação e disciplina. O segredo para se manter no topo é o aprendizado constante.

Já vi pessoas chegando ao que consideravam o auge financeiro e caindo logo depois, por perderem a humildade que as tinha colocado lá. O ego vai lá em cima e vem o efeito rebote.

O maior aprendizado de Cristiano Ronaldo para nós é nunca achar que o topo existe. Por mais que você tenha chegado lá, essa é a hora de sustentar o que já foi feito e persistir. O maior inimigo do sucesso futuro é o sucesso presente.

Como você pode elevar a sua barra novamente quando chega no topo? Esteja com maiores para aprender, com menores para ensinar e com iguais para se desafiar, sempre. Você só cresce quando vê que sua sabedoria está sendo compartilhada.

33%

Chris Gardner

Não deixe a falha atingir seu coração

Sempre admirei o ator Will Smith e quase fiz referência a ele quando fui escrever esta dica. Estamos falando de Chris Gardner, o empresário americano a quem ele deu vida como protagonista no filme *Em busca da felicidade*.

Se você ainda não viu, dê uma pausa o livro e anote esse nome no seu bloco de notas. O filme é uma injeção de ânimo na vida de qualquer pessoa. E a frase marcante que trago no 1% de hoje é: "Nunca deixe a falha atingir seu coração ou o sucesso atingir a sua cabeça".

Chris sentiu o fracasso na pele. Dormiu no chão da rodoviária com o filho e fez absolutamente tudo para conseguir o sustento do menino, porque sabia que ia tirar os dois daquela situação. Depois de colocar muita determinação, sangue e suor no seu propósito e no seu sonho, ele virou o jogo e se tornou um milionário cuja história de superação é retratada em filmes e livros.

Sempre digo que o sucesso é um processo. No meu negócio já vi muitas pessoas crescerem rápido e caírem tão depressa quanto subiram, por achar que iam crescer pelo resto da vida. O mundo é feito de expansão e recessão, então você precisa estar preparado para altos e baixos.

No mundo dos negócios, a razão tem que prevalecer, mesmo que seu empreendimento seja emocional.

O que quero dizer é que entro num negócio com expectativa zero, porque me frustrei muitas vezes. A única forma de não se frustrar é não esperar nada daquilo, mas fazer o melhor com o que você tem.

Na vida real, vai acontecer como aconteceu no filme: as pessoas vão te julgar e dizer que você não vai chegar a lugar nenhum. E às vezes até você vai duvidar de si mesmo. Mas sabe o que vai te levantar? O seu porquê.

Quando meu filho estava para nascer, eu tinha uma dívida grande. Quando ele nasceu, meu porquê, que já era grande, ficou ainda maior, apesar de ter apenas quarenta centímetros e quatro quilos. Quando é por alguém, você dorme até no banheiro na estação do trem. Você olha para o seu filho e faz o que precisa ser feito. Pode até chorar baixinho, mas você sabe que aquilo vai te fazer caminhar com uma força que você nem sabia que tinha.

Já contei aqui que só tive sucesso porque tinha medo da vida miserável que eu poderia ter. Nosso caráter é construído na vala, quando ficamos muito mal e não temos para quem dar a mão. É aí que buscamos forças onde elas parecem não existir.

Se tem algo que aprendi com Chris Gardner e quero te ensinar também é que você deve buscar o seu porquê. Se esse motivo for forte, você vai ser capaz de lidar com qualquer negativa. E, dessa forma, a falha vai ser incapaz de atingir seu coração se você souber o que realmente importa.

Levante a cabeça e entre no jogo para jogar, porque as coisas só vão acontecer se você estiver em campo.

34%

William Wallace

Todo mundo morre, mas nem todo mundo vive

Um dos filmes que mais me impactaram até hoje foi o clássico *Coração valente*. Sempre que o vejo tenho a impressão de descobrir uma nova mensagem. Quem já assistiu sabe a emoção que William Wallace gera nas pessoas. Ele foi um grande guerreiro, responsável pela independência da Escócia. A frase que trago agora é aquela que nos faz tremer na alma: "Todo mundo morre, mas nem todo mundo vive".

Hoje, mais do que nunca, sabemos o quanto isso é verdadeiro. Vemos altos e crescentes índices de depressão; pessoas infelizes sobretudo em seus ambientes de trabalho, realizando mecanicamente suas atribuições e sendo remuneradas. Morrendo dia a dia. Vivas como zumbis.

Muitos de nós, em algum momento da vida, nos desconectamos de nossos ideais, e eu não fugi a essa estatística. Ainda jovem, depois de quase cinquenta entrevistas de emprego, entrei no mercado de trabalho. A estagnação logo apareceu dentro da empresa onde eu trabalhava, e, como já contei, comecei a perder a essência. Fiquei desalinhado comigo mesmo.

Nessa fase, costumamos buscar uma válvula de escape - no meu caso, as festas e baladas. Só que a vida deu um jeito de me mostrar que eu poderia morrer de verdade, não mais no sentido figurado.

Certa noite, saindo cansado de uma festa, acompanhado de um grande amigo, eu dormi no volante em plena Marginal Pinheiros. Eu estava sem cinto. Quando acordei, o carro parecia uma lata amassada, e eu tinha ido parar no canteiro, coberto de sangue, com muitas pessoas à minha volta.

A cena foi aterrorizante. Graças ao meu amigo, que me socorreu, fui levado para o hospital. Lá colocaram sobre mim aquelas lâminas de alumínio, deixando apenas o rosto para fora. Meu rosto estava dilacerado, devido aos estilhaços de vidro. Minha mãe, quando chegou ao hospital e viu aquela cena, entrou em desespero. Achou eu estava morto.

Naquele dia, diante da expressão dela, percebi que precisava dar um basta naquele estilo de vida. Eu tinha perdido a minha essência, estava distante dos meus sonhos, e nesse ritmo teria uma vida miserável, sem experimentar tudo aquilo que eu acreditava que era possível.

Eu tinha sobrevivido a um acidente, mas estava apenas sobrevivendo fazia muito tempo. Aquele, para mim, foi um ponto de virada. A partir daí, decidi não desperdiçar mais nem um segundo. Naquele dia vi que podia viver muito mais conectado com meus sonhos se colocasse energia no lugar certo, me responsabilizando pelos resultados.

Ainda hoje há um pedaço de vidro na minha testa, cicatrizado dentro da minha pele, que posso sentir quando levo a mão à cabeça, gesto que costumo fazer quando estou pensativo, e me lembro da importância de viver todo o meu potencial, e não apenas sobreviver.

Todo mundo morre, sim, mas tem gente que morre um pouco todo dia. Mesmo estando vivo. E viver é a arte de morrer uma vez só, mas sabendo que se viveu de verdade.

35%

Martin Luther King

Nossa vida acaba se nos calamos

Aprendi muito quando li sobre a trajetória do grande líder político Martin Luther King Jr., um cara que revolucionou o mundo e nos presenteou com o generoso discurso: "Eu tenho um sonho".

Esse homem, que inspirou gerações a sonhar, sempre lutava pela união, independentemente de cor de pele ou de religião. Ele dizia que "nossa vida começa a terminar no dia em que nos calamos sobre o que é importante para a gente".

Você já parou para pensar sobre isso?

Um estudo feito na Inglaterra com mil pessoas no leito de morte descreve que o maior dos arrependimentos é não ter vivido de fato o que se queria viver. É ter abandonado os sonhos. Acho inacreditável que a gente chegue ao fim da vida para constatar isso. Você está deixando os seus sonhos para trás? Está vivendo sua verdade ou vai deixar que o leito de morte te traga esse arrependimento amargo?

As pessoas vivem a vida para os outros, através de tradições e status social. Em determinado momento, se arrependem, mas é difícil voltar atrás e fazer algo diferente. Meu complemento ao que Dr. King disse seria: "Nossa vida acaba se nos calamos diante dos sonhos".

Mas como isso acontece? Aos vinte anos, estamos no auge. Tudo é maravilhoso nessa idade: as festas, a juventude, as oportunidades. Parece que a vida não vai ter fim. Só que logo a fase dos trinta aos cinquenta anos chega, representando um período crítico para muitas pessoas.

A estabilidade financeira conta muito, e é difícil tomar decisões quando já se tem família e filhos. Pensar em mudança se temos que colocar comida na mesa é difícil. Todo mundo sabe disso. Então as pessoas decidem deixar os sonhos de lado. Enchem a barriga dos filhos e param de alimentar os próprios sonhos.

E assim, esquecendo que os sonhos também precisam ser alimentados todos os dias, nos calamos diante do que é importante para nós.

Eu quero que você seja feliz. Entendo o receio que você pode ter, mas não se cale diante dos seus sonhos. Pense nisso e aja hoje. O preço de se calar é muito alto.

36%

Nathalia Arcuri

Poupar é estimulante

Já pensou se todos nós aprendêssemos desde cedo que poupar é necessário e estimulante? Se tivéssemos um *mindset* voltado para a educação financeira desde pequenos? Pois é: a jornalista Nathalia Arcuri se tornou uma grande influenciadora digital porque parte da premissa de que poupar é fundamental para que possamos conquistar aquilo que desejamos no futuro.

A prática, começada aos oito anos, fez com que ela conseguisse comprar um carro aos dezoito, e aos 24 anos já tinha seu primeiro imóvel, com a disciplina de sempre poupar uma parcela de tudo o que ganhava por mês.

Eu nem sempre fui um exemplo a ser seguido nesse quesito, mas hoje sei que é necessário educar meus filhos para isso. Acredito que minha vida teria sido mais fácil se eu tivesse aprendido desde cedo a lidar com o dinheiro.

O Bento e o Tito têm semanalmente aulas de educação financeira. Faço questão de me sentar com meus filhos para que possam ter a noção exata de quanto é preciso poupar para conquistarem tanto coisas simples como coisas grandes. Foi assim que eles criaram o hábito de guardar o dinheiro que ganhavam, para que pudessem utilizá-lo quando houvesse um objetivo específico.

No meu caso, aprendi a poupar quando percebi como isso fazia falta. Nos momentos de perrengue, antes de virar a chave na vida profissional, entendi como teria sido inteligente poupar e ter uma reserva financeira. Eu me lembrava do meu pai com suas folhas quadriculadas onde anotava até o sorvete que tínhamos saboreado numa tarde qualquer durante um passeio. O controle financeiro era levado à risca.

Se você, assim como eu, só aprendeu isso depois de adulto, talvez seja a hora de enriquecer não apenas a mente, mas também o bolso, sem desperdiçar dinheiro com coisas que não estão alinhadas com aquilo que você deseja conquistar.

37%

Bob Marley

Viva para que sua falta seja sentida

"Não viva para que sua presença seja notada, mas para que sua falta seja sentida." Uma frase como esta só poderia ter sido dita por alguém que deixou um legado tão grande quanto o de Bob Marley. Ele, o maior músico de reggae que o mundo já teve, seguiu seu propósito do começo ao fim e nunca se rendeu ao que a indústria dizia que deveria fazer. Ele apenas criava intuitivamente aquilo que traria para o mundo, de forma que tocasse o coração das pessoas. Sabia que a música tinha poder de transformar e agia para criar letras que pudessem sensibilizar pessoas no mundo todo. Foram mais de cem milhões de discos vendidos na época. E ele verdadeiramente viveu para que sua falta fosse sentida.

Para mim, esta frase expressa dois polos: o controle do ego e a maturidade com relação a isso, e a questão do legado. O que você precisa fazer hoje aqui na Terra para que, quando partir, sua falta seja sentida? Qual legado você quer deixar?

Eu sempre me pergunto se vou fazer falta. Não por querer ser importante, mas sinto curiosidade de saber se, quando eu não estiver aqui, terei impactado as pessoas, feito a diferença em suas vidas.

Escrever este livro foi uma das maneiras que encontrei de deixar uma marca no mundo, compartilhando aquilo que acredito que pode nos fazer crescer um pouco a cada dia. E há também os vídeos que gravo diariamente no meu canal do YouTube – sempre pensados para que meus filhos possam se orgulhar da maneira como eu refletia sobre o mundo e dividia meus aprendizados.

Quanto mais você pensar na falta que vai fazer, maior será a diferença que você faz hoje. Quando meu primeiro filho nasceu, comecei a pensar cada vez mais no impacto positivo que poderia fazer na vida das pessoas. Ter filhos é controlar pelo exemplo. Eu sabia que só poderia fazer a diferença se fosse um modelo do que eu queria que eles seguissem. Não adiantaria ditar regras; é preciso viver aquilo que eu quero que eles sejam um dia.

Se tivermos a intenção genuína de fazer a diferença no mundo, esse impacto que deixamos é capaz de contar a nossa história mesmo quando não estivermos aqui. Comece hoje a deixar a sua marca, para que seu exemplo jamais seja esquecido. Não por vaidade, mas porque ele poderá gerar transformação em quem for tocado por ele.

38%

Cristóvão Colombo

Enfrente o desconhecido

"Terra à vista", o famoso bordão de Cristóvão Colombo ao descobrir a América, ainda é lembrado pelo mundo todo quando se descobre algo novo. Você já deve ter se perguntado o que faz um sujeito atravessar o oceano sem saber o que poderia encontrar. A frase que o motivava a sair de onde estava era: "Você nunca vai poder atravessar um oceano se você não tiver coragem de perder completamente de vista a costa".

É comum que a gente comece coisas novas aos poucos, com medo de perder a conhecida sensação de segurança. Raro é ver pessoas enfrentando o desconhecido sem saber o que pode vir pela frente. Mas estar preso à costa é como andar segurado por uma âncora, perdendo a oportunidade de navegar num oceano diferente – oportunidades que jamais teríamos caso estivéssemos apegados ao lugar-comum.

Quando era jovem, vivi isso em pequenas proporções. Quase vinte anos atrás, enquanto os garotos da minha idade faziam intercâmbio nos Estados Unidos, decidi ir para a África. Era apaixonado pelo desconhecido. Queria viver coisas e emoções inéditas, mesmo sem nenhuma referência no assunto. E eu sabia que para viver coisas novas tinha que deixar todo o medo para trás.

Ninguém entendia por que eu tinha tomado aquela decisão.

Estar num lugar enfrentando os mais diversos desafios me fascinava. Foram cinco meses de pura adrenalina, nos quais peguei carona de caminhão, conheci savanas na costa oeste da África e mochilei por países como Namíbia, Botsuana, Zimbábue e Zâmbia, além de passar vários apuros que me ensinaram a não ter medo da vida e a seguir adiante mesmo sem saber o que ia encontrar.

Durante essas viagens, era comum que eu e os outros viajantes fôssemos assaltados por caçadores de marfins que ficavam escondidos em busca de alimento, e cheguei até a ser ameaçado com uma metralhadora encostada no meu pescoço, no meio do deserto.

Cheguei a fazer treinamento de fuga de leões sendo mentorado por meninos de treze anos que tinham total experiência na selva, nossos guias nessa aventura. Para se ter uma noção, o preço que paguei nesse "pacote turístico" foi uma camiseta. Literalmente entreguei uma camiseta a eles como pagamento.

Mas, por incrível que pareça, nada superou a adrenalina do encontro inesperado com um elefante durante uma trilha de madrugada. Imagine se deparar com um animal gigante, selvagem, que estava protegendo seu filhote. Foi assustador. Corri incansavelmente, sem olhar para trás.

Depois de um tempo, percebi que o elefante nem estava mais ali. Mas também não conseguia mais ver ninguém do grupo que estava comigo. O pânico tomou conta de mim. Subi numa árvore para tentar encontrar alguém, e naquele momento o milagre aconteceu: ali, do alto, vi o sol nascendo, vermelho, enquanto a mamãe elefante andava vagarosamente com seu bebê. Era uma cena de filme, daquelas inesquecíveis, que tatuei no meu corpo para me fazer lembrar de como as coisas mais magníficas podem nascer de momentos inesperados.

Por mais que alguns minutos antes tivesse sentido muito medo, aquele momento jamais teria sido gravado na minha lembrança se eu não estivesse ali, disponível para as aventuras da vida.

Você pode estar pensando: "Mas o que isso tem a ver com meu cotidiano?".

A questão é que todos os dias temos a oportunidade de enfrentar o desconhecido, mas preferimos ficar onde todo mundo está. E onde todo mundo está não há descobertas. Onde todo mundo está você jamais vai se destacar. Onde todo mundo está não há "terra à vista". Para descobrir coisas novas é preciso navegar sem medo de viver.

Avance como Colombo e perca a costa de vista. Você pode ter grandes surpresas e encontrar uma vida inesperadamente mágica ou se tornar uma referência histórica.

39%

Dalai-lama

Felicidade é consequência de suas ações

O dalai-lama, um dos maiores líderes religiosos do planeta, passa adiante muitos ensinamentos e nos inspira naturalmente com suas palavras. Uma de suas frases que sempre me impulsionam a ser alguém melhor é: "A felicidade não é algo pronto. Ela é feita de suas próprias ações". Ou seja: muitos buscam a felicidade acreditando que ela está à venda na esquina, ou que num passe de mágica tudo será diferente. Mas poucos percebem como as ações diárias podem trazer a felicidade como consequência.

Na minha vida, vejo com muita clareza como todos nós temos virtudes e dons que podem ser usados para o mal ou para o bem. Mas entenda bem uma coisa: você não pode se deparar com a possibilidade de construir algo que vai beneficiar muita gente e não fazer. Porque desperdiçar uma oportunidade de ajudar as pessoas é deixar de cumprir sua missão na Terra.

Se hoje você pode fazer o bem, não se esquive da sua obrigação como ser humano. A felicidade é colaboração. Se você se deparar com essa oportunidade, faça. É contribuindo com as pessoas e colocando nossos dons e virtudes à disposição do próximo que conseguimos colher a felicidade. Porque não adianta buscá-la de maneira egoísta. Ela só será colhida quando você se dedicar com sinceridade a contribuir para o bem das pessoas ao seu redor.

Hoje, portanto, se você detectar a oportunidade de criar algo que pode reverberar na vida de alguém, faça. Essa corrente de energia do bem vai transformar a sua vida: você vai parar de buscar a felicidade, porque ela naturalmente virá até você.

40%

Alok

Precisamos ser fortes e dignos de fé

Você já deve ter ouvido falar do Alok: um DJ que mistura estilos e incendeia pistas no mundo todo, que é querido pelos jovens e ovacionado na noite. Curiosamente, eu o conheci como DJ quando ele tinha apenas doze anos e eu, com vinte e poucos, estava numa festa onde ele tocava. Fiquei tão surpreso com aquele adolescente empolgado, fazendo o que gostava, que justamente naquele evento decidi que não trabalharia mais com o que não me dava prazer. Ali resolvi definitivamente largar o mundo corporativo. Coincidência ou não, nessa mesma festa conheci o mentor que me aproximou da minha nova profissão, que exerço até hoje.

Alok, mesmo sendo um homem de fé, diz que já duvidou da existência de Deus quando visitou a África pela primeira vez. Mas, ao conhecer uma senhora de 98 anos que enfrentava os desafios impostos pela vida naquele cenário, entendeu que nós éramos os miseráveis: "Ela nos consolou silenciosamente e nos convidou para sermos fortes e dignos da fé, assim como ela é! Deus nunca a abandonou. Quem abandonou o próximo fomos nós!", escreveu o DJ numa rede social. Comovido, decidiu reverter parte de sua renda para a Fraternidade sem Fronteiras, causa que ajuda no continente africano.

Rapazes como ele me dão esperança no ser humano, porque usam seu destaque na mídia para serem uma referência positiva para as pessoas. Ele, um influenciador de jovens, usou a sua voz, ouvida por milhões de pessoas, para falar de coisas que podem mudar o destino do planeta. Dessa forma, mostrou que mesmo quem atua em profissões que teoricamente não têm a ver com a construção de um mundo melhor pode usar a própria voz para ser um veículo de esperança e levar a fé que tanto falta nas pessoas.

Como palestrante, sempre tenho esse cuidado diante de uma plateia ou quando movimento minhas redes sociais. Sei que uma voz que tem o poder de influenciar muitas pessoas pode ser contaminada por vaidade ou ego. Mas, como diz Alok, existe sempre o convite para sermos fortes e dignos de fé.

Se você na sua vida está dançando conforme a música, comece a partir de agora a ditar seu próprio ritmo e a seguir algo positivo que possa beneficiar você e o próximo, sempre.

41%

Guilherme Benchimol

A educação é a base da prosperidade

"A educação é a base da prosperidade." Uma frase vinda de Guilherme Benchimol não poderia ser melhor. O fundador da XP Investimentos, que aos 24 anos tinha apenas mil reais no banco e criou uma empresa que foi vendida por 6 bilhões de reais, teve percepção rápida, sensibilidade e enxergou uma oportunidade no mercado da educação depois de vender sua parte na empresa que fundou.

Também acredito que educação é base da prosperidade, e diariamente digo aos meus filhos que o mundo não está entre quatro paredes. O mundo é a Avenida Paulista na hora do rush. São pessoas de todos os tipos interagindo e criando. E isso me faz entender que educação só pode ser base para a prosperidade quando é mais voltada para o exterior do que o interior. Eu sou prova viva disso. Não é segredo que a escola não era para mim. Sou fruto do ambiente externo e só fui bem-sucedido na vida vivida fora das quatro paredes da escola.

Hoje, dentro de casa, abordamos alguns pontos que são vitais para que nossos filhos cresçam como cidadãos do mundo e entendam como devem se relacionar com a vida. Fazemos questão de que desenvolvam inteligência emocional, ensinamos a trabalhar a frustração, falamos sobre vendas e diariamente fazemos nosso papel, como educadores que somos, a fim de que eles se tornem pessoas que possam, acima de tudo, gerar prosperidade para si mesmos e para os demais.

Vivemos em sociedade e devemos estar atentos às competências que não são ensinadas na escola para que possamos, como pais, incutir na mente dos nossos filhos aquilo que jamais pode ser roubado: a maneira única como enxergam e se relacionam com o mundo. Isso faz com que eles um dia possam contribuir ao menos 1% com a sociedade em que estão inseridos.

Nosso dever como pais é criar filhos melhores que nós para o mundo e garantir um mundo melhor para as novas gerações.

42%

Michael Jordan

O sucesso é feito de fracasso

Michael Jordan foi a maior estrela internacional do basquete. Hoje, bilionário, ele é uma lenda que deixou rastros porque construiu um legado no esporte.

Jordan tem uma frase que vale para todos os negócios: "Errei mais de nove mil arremessos na minha vida; perdi mais de trezentos jogos; em 26 oportunidades confiaram em mim para fazer o ponto da vitória e eu falhei. Por ter falhado tanto é que eu alcancei o sucesso".

Essa é uma frase que todo mundo deveria usar nos negócios. E eu usei no meu.

Fracassei quinze vezes nas dezenove empreitadas em que me envolvi e fiz cinco mil apresentações de negócio. Foram 350 "sim" e 4650 "não". Só cheguei aonde cheguei por causa dos fracassos que tive. E é isto que você deve incorporar no seu dia a dia: todo empreendedor ou profissional deve saber ouvir um não.

Tem uma história que gosto muito de compartilhar para que meu time se habitue ao não como se habitua ao sim. Estatísticas mostram que as pessoas tomam de um a três nãos e desistem. Quero que você cresça 1% hoje e se torne profissional em receber nãos.

Pegue um rolo de papel higiênico e destaque uma partezinha toda vez que ouvir um não. Se pegar um pedaço a cada não que receber, no final desse rolo você será bem-sucedido. Quem parar no segundo papel – ou melhor, no segundo não – não vai chegar a lugar nenhum. É preciso saber ouvir não.

A resiliência que você cria ao fortalecer sua capacidade de ouvir nãos vai torná-lo apto a ser um vencedor do nível do Michael Jordan na sua área de atuação. Afinal, a vitória é a soma dos nãos. Transformando isso numa meta pessoal, quando estiver tranquilo em experimentar derrotas você vai perceber que elas fazem parte da trajetória.

As frustrações virão, e muitas vezes você vai sentir que está derrubado e que nada dá certo, mas continue. Parar não fará com que você chegue a lugar algum. Persistindo, mesmo que o "não" venha repetidamente, você vai encontrar seu "sim" e vai poder olhar para trás orgulhoso de não ter jogado a toalha.

Para sermos fortes é preciso ter força também para encarar as coisas que não deram certo. O que nos faz poderosos é justamente nos permitirmos a queda quando estamos fracos. É ter coragem para encarar a si mesmo e se permitir repensar os rumos que a vida toma para, aí sim, persistir no caminho, inabalável.

43%

Malala Yousafzai

Quando o mundo está em silêncio, uma única voz se torna poderosa

A ativista Malala Yousafzai, conhecida no mundo todo por sua batalha em prol da educação, é hoje uma das autoridades no assunto justamente porque falou quando todos silenciavam. Para mim, sua melhor frase de efeito é: "Quando o mundo inteiro está em silêncio, uma única voz se torna poderosa".

Essas palavras significam muito, principalmente porque ela teve coragem de dizer o que ninguém dizia, lutando sempre em prol das mulheres e do acesso dos jovens à educação.

Quando o mundo está em silêncio, o silêncio já é suspeito.

Não podemos nos acovardar diante de injustiças ou continuar fechando os olhos para situações que podem estar colocando nossas vidas em risco. E não estou falando em grandes proporções, como a Malala, que levou um tiro indo para a escola. Estou mencionando as pequenas atitudes do dia a dia que podem ser questionadas, mas que não o fazemos porque estamos acostumados a ir na de todo mundo e deixar as coisas como estão.

Em casa, eu e minha esposa estamos sempre atentos à maneira como criamos nossos filhos. Muitas vezes as pessoas agem no automático e não se questionam sobre a saúde física e emocional, sobre a escola, sobre o celular, sobre a qualidade do tempo que passam com os filhos. Apenas acatam as regras impostas e aceitas socialmente, sem pensar no futuro e na educação dos filhos. E o silêncio diante de crianças que passam o dia todo no celular é perturbador. Que passam o dia sendo terceirizadas. Que são alimentadas com refeições pouco saudáveis porque não se questiona o que se oferece a elas.

Assim como Malala, precisamos entender que as situações em que todos se calam na verdade precisam ser ditas em voz alta, para que as pessoas comecem a refletir a respeito.

Seja qual for a sua causa, não deixe o silêncio falar mais alto. Grite sobre aquilo que ninguém quer ouvir, mas não deixe de se posicionar.

44%

Ole Kirk Christiansen

Só o melhor é bom o suficiente

Você consegue imaginar que esta frase veio da boca de um sujeito que tinha acabado de perder todo o seu dinheiro durante a crise e, logo em seguida, a esposa, tornando-se responsável pelos quatro filhos do casal?

Pois é. A trajetória de Ole Kirk, o "pai" do Lego, é uma história das mais improváveis. Para sustentar os filhos, começou a produzir brinquedos de madeira, e então, depois de pôr a criatividade para jogo com suas quatro crianças, criou aquilo que seria não só a solução para trazer dinheiro para dentro de casa, mas também para levar o tal brinquedo para dentro de todas as casas no mundo.

Sim, o Lego se tornou um brinquedo mundialmente conhecido porque um homem decidiu não se curvar diante dos obstáculos e resolveu dar o seu melhor para reverter a crise e tirar os filhos do buraco.

Além de ser um brinquedo amado por pessoas do mundo inteiro e de todas idades (para se ter uma ideia, são vendidas sete caixas de Lego por segundo), uma característica faz dele único e justifica seu tamanho sucesso: o primor na qualidade.

Certa vez, um dos filhos de Ole Kirk, Godtfred, estava orgulhoso por ter diminuído os custos – e aumentado o lucro – ao aplicar uma camada mais fina de pintura nas pecinhas. A resposta do pai foi fazer um *recall* de todo o lote para que fossem pintadas novamente, e ainda disse: "Só o melhor é bom o suficiente". Essa frase se tornou o lema da empresa.

De fato, o encaixe, a pintura e a atenção aos detalhes das peças de Lego são perfeitos: tudo é entregue com exigência máxima. Nossas ações e nosso trabalho também devem ser balizados assim, elevando a barra sempre. Não podemos nos contentar com o que estiver mediano quando sabemos que somos capazes de muito mais e melhor.

Este 1% de hoje, além de servir de inspiração com uma bela história de vida – sem esquecer que as situações devastadoras também são chance para nos reerguermos –, nos ensina que devemos fazer aquilo a que nos propusemos sempre da melhor maneira possível.

45%

Sigmund Freud
A sabedoria vive na dúvida

Freud foi o homem que criou a psicanálise. Psicólogo e neurologista, ele foi pioneiro no estudo do cérebro humano e do comportamento. Foi bastante contestado em sua época, e suas teorias pareciam absurdas demais para serem compreendidas.

Décadas depois, todos nós devemos muito a tantas descobertas feitas por ele. A frase inspiradora que eu trago para o 1% de hoje é: "A maior magia do mundo é você não ter certeza de nada. A maior sabedoria vive na dúvida".

Isso vai na contramão do que bastante gente diz. Alguns influenciadores digitais, por exemplo, acham que sabem muito, e o perigo é justamente acreditar que já se sabe tudo sobre algo, porque é nesse momento que você começa a decair. Um homem como ele, que estudava e conhecia tanto, tinha a humildade de admitir que quanto mais estudava, mais coisas havia a serem estudadas. Esse princípio eu sigo e defendo.

Não é à toa que o Freud conseguiu decifrar tão bem muitos dos comportamentos humanos. Ele não tinha limite: estudava todos os dias, obsessivamente, até quando todos já o consideravam especialista naquilo que ele fazia.

O aprendizado contínuo nos alimenta. Mais do que a construção do conhecimento, o importante é saber que ainda existe um universo de possibilidades a serem exploradas.

A sabedoria mora na dúvida. E a busca incansável por conhecimento é que deve nos nutrir.

Sempre parto da premissa de que quanto mais sei, mais tenho a descobrir. Invisto tempo e energia em cada assunto que me desperta o interesse, na tentativa fundamentar aquilo que intuitivamente me vem à mente. Leio muito, participo de congressos, palestras, diversifico meu conhecimento, conheço pessoas que estudam aquela área e respiro novos ares para incorporar uma dinâmica diferente, que me traga outras referências de vida e diversidade de conteúdo, para que eu possa entender mais sobre aquele assunto que me fascina. Conforme os novos universos se abrem para mim, percebo que existem mais e mais coisas a serem desvendadas a respeito de qualquer assunto.

Quando quis investir em startups, por exemplo, eu não sabia absolutamente nada sobre o tema. Fui até o Google, conheci canais, pessoas e cursos sobre o assunto e busquei absorver tudo, só para poder entrar naquele ramo. Me joguei nos investimentos – aprendi mais na prática que na teoria, mas me vi descobrindo um mundo no qual o estudo parecia nunca ter fim.

Nessas buscas, novas conexões foram criadas, outras portas foram abertas e grandes oportunidades se revelaram. Você cria a sua realidade a partir de quanto conhecimento tem à disposição. E para mim a grande questão é: quanto mais conhecimento eu tenho, mais ignorante acredito que eu sou.

É bom não ter certeza de nada. Não seja um dinossauro parado no tempo, sentado sobre as velhas certezas. A sabedoria vive na dúvida e em saber que não sabemos de nada.

46%

Fernando Fernandes
Potencialize suas forças

Quando conheci a história de superação do atleta Fernando Fernandes, fiquei impressionado. Ele, que tinha sido modelo, participou de um reality show e depois de um tempo sofreu um acidente de carro que o deixou paraplégico.

Além da incrível resiliência em lidar com essa situação, o que ele fez? Percebeu que não poderia mais contar com certas partes do corpo e determinou para si mesmo que ia escrever uma história diferente.

Fernando precisou ter muita atitude para recomeçar e, quando viu que tinha alternativas na vida, traçou outros objetivos. Ele treinou e se tornou campeão mundial de paracanoagem. Ou seja: em vez de dar foco àquilo que tinha perdido, os movimentos das pernas, decidiu fazer o melhor com seus braços e apostou no esporte como uma alternativa para mudar o rumo de sua vida.

Quantas vezes nossos sonhos não são interrompidos e os deixamos de lado, como se não houvesse mais alternativas? Quantas vezes vemos a vida trazer desafios que parecem colocar um ponto-final em tudo? O que fazer nesses momentos? Para onde olhar?

O 1% de hoje te chama a perceber o que você pode fazer com aquilo que já tem, em vez de se concentrar no que a vida aparentemente te tirou. Podemos passar o resto dos nossos dias lamentando ou acordar e decidir escrever uma nova história.

Pode parecer batido, mas essas figuras inspiradoras me ajudam a focar o olhar em tudo o que posso alcançar em vez de chorar por aquilo que não tenho.

Tente exercitar essa forma de ver a vida e potencializar suas forças, sejam elas quais forem. Dessa forma, colocando energia naquilo que está no seu controle, você terá um diferencial.

Que seu 1% seja inspirado pela força de uma pessoa que, sem o movimento das pernas, se tornou campeão mundial em uma categoria que o permitia utilizar seus recursos disponíveis. Você não tem desculpa para dar mole depois dessa.

47%

Thomas Edison

Trabalhe muito e não pare de tentar

Thomas Edison foi um dos maiores inventores da história, um cara que patenteou mais de mil produtos e criou a lâmpada elétrica depois de quase mil tentativas. Hoje ele nos inspira com duas frases importantes. A primeira delas: "Na vida, o sucesso é 1% inspiração e 99% transpiração".

Ou seja, como todo mundo bem sabe, o trabalho é obrigatório para atingir os resultados. Mas, apesar de essa ser a sua citação mais famosa, ele usava uma expressão que eu assino embaixo e levo para a vida: "A maior falha das pessoas é que elas desistem antes de saber quão perto elas estão de realizar seus objetivos". Já reparou nisso?

Está difícil? Faz mais um pouco, tenta mais um dia, mais uma semana, mais um mês. Tenho certeza de que grandes resultados estão te aguardando lá na frente.

Como sei disso? Na minha vida implementei uma filosofia que possibilitou que eu chegasse aonde cheguei: "Fazer até dar certo". Quando não aguentava mais a minha situação e vi uma faísca acontecendo no meu negócio, eu sabia que ali havia possibilidade de fogo. E essa chama forte só acontece se você colocar um foco intenso na sua atividade.

Quando vi essa faísca acontecendo, tomei uma decisão. Cheguei em casa, dei uma foto minha para a minha esposa e disse que ia imergir no trabalho. É uma brincadeira, claro, mas conversei com ela sobre a possibilidade de me entregar de corpo e alma para o trabalho naqueles meses seguintes.

Acredito que todas as pessoas bem-sucedidas precisam ter um momento forte e intenso de dedicação para poder colher os resultados mais adiante. Eu aproveitei essa faísca e negociei em casa que iria trabalhar em busca de um sonho para a nossa família.

E mesmo me questionando, sem saber se ia ter resultado, coloquei em mente que não ia desistir até alcançar meu objetivo. Trabalhar muito e não parar de tentar era meu mantra.

Quando tomei essa decisão, aproveitei para criar processos e hábitos melhores na minha vida. Aí foi que entrei numa imersão de oito meses de pura transpiração. Os resultados começaram a surgir e eu comecei a prosperar.

Todo grande resultado na vida de alguém bem-sucedido vem de uma ação intensa e massiva de plantação, que depois você pode colher por gerações.

Quer saber quanto tempo é necessário para você poder mudar a sua vida? Até dar certo! Eu digo isso porque fiz esse teste. Pega esse 1% e vai para cima!

48%

Tom Brady
Mantenha a calma

É fascinante perceber que dentro do mundo dos esportes há figuras tão fantásticas, capazes de performar bem em todos os níveis. Em geral, esses gigantes fazem história.

Tom Brady é um deles. Até o momento foram seis conquistas do Super Bowl, a principal liga de futebol americano dos Estados Unidos. E uma característica impressionante que Tom Brady domina e que deveríamos incorporar ao nosso dia a dia é manter a calma.

Imagina esse cara dentro de campo: pancadaria rolando, soco para todo lado, o outro time atropelando, o mundo todo assistindo. Ele estava perdendo e teve a ousadia de parar, pensar, manter a calma e virar completamente o jogo.

Um pouco diferente do nosso 7 a 1 – no qual infelizmente eu estava presente –, em que os jogadores brasileiros não tiveram maturidade nem equilíbrio emocional para enfrentar os adversários na Copa do Mundo, Tom Brady mostra que é possível vencer o jogo através do equilíbrio emocional.

Percebo como é importante manter a calma quando me lembro de um dos episódios mais relevantes da minha vida profissional. Na empresa onde trabalhava, tinha conquistado um resultado financeiro considerável. Era uma companhia grande, mas tínhamos desafios na gestão por causa da entrada de um fundo de investimento.

Da noite para o dia fomos informados de que a empresa poderia fechar as operações no país se não fosse comprada em poucos dias. Eu era líder, tinha centenas de pessoas no meu time, mas nem cogitava o fim da operação no Brasil. Como manter a calma nesse momento?

Eu e outros líderes nos reunimos e começamos a pensar nas possibilidades. Firmes no nosso propósito e nos nossos princípios, três dias depois uma das maiores empresas do mundo comprou a companhia.

Parecia estar tudo resolvido, mas os desafios estavam só começando. Demorou quase um ano para estabelecer a empresa no mercado brasileiro, oficializar suas operações e conseguir a aprovação dos produtos. Com uma visão clara do futuro, paciência e propósito alinhado conseguimos transmitir nossa convicção para muita gente. Afinal, se o líder perde a visão, o povo perece.

Muitas pessoas dentro das equipes de trabalho desistiram. No entanto, muitos dos que continuaram e mantiveram a calma durante aquele período colheram bons frutos. Hoje sei que esse equilíbrio foi fundamental para que eu chegasse aonde estou hoje.

Se você está no meio do jogo e acha que pode perder, o grande lance é focar na solução, e não no desespero. O pânico desestabiliza qualquer um. Afinal, pessoas desesperadas tomam decisões precipitadas.

É preciso analisar uma forma de reverter a situação e transformar aquele desafio numa potência. Sempre há soluções. Pense nisso.

49%

Howard Schultz

Valorize seus colaboradores

Sou fã de carteirinha de Howard Schultz, o fundador da Starbucks. Ele, que nasceu numa família humilde, tem uma história de vida que justifica a formação do seu caráter e do seu império – são mais de 30 mil lojas em 78 países, empregando mais de 230 mil pessoas.

Seu pai era motorista de caminhão e quebrou o tornozelo, e a empresa onde trabalhava o demitiu sem nenhum auxílio. Como ele não tinha plano de saúde nem seguro, a partir daquela data, Howard, com apenas sete anos, colocou na cabeça que um dia teria um negócio e trataria muito bem seus funcionários.

A Starbucks foi criada com um propósito muito maior do que servir café: valorizar as pessoas. Hoje, quando você entra numa loja, sente que a equipe é bem treinada para fazer com que você tenha uma experiência especial. O livro *Dedique-se de coração*, também publicado pela Buzz, conta em detalhes a história dessa grande e apaixonante empresa.

A pergunta que eu faço é: será que você valoriza as pessoas como elas devem ser valorizadas? Equipe é o que há de mais importante no negócio. Uma operação pode ruir ou se tornar gigante por causa das pessoas com as quais você trabalha. Portanto, é preciso olhar com carinho para cada uma delas e valorizá-las.

Ah, Fernão, mas eu não tenho funcionários.

Então valorize seus colegas de trabalho. Trate-os da maneira como gostaria de ser tratado. Em vez de ser desrespeitoso com seu superior, pense em como pode agregar à empresa. Valorizar pessoas é estar disposto a fazer o seu melhor onde quer que você esteja.

Não é incomum ver pessoas que extremamente educadas em reuniões com presidentes de empresa, mas que não cumprimentam aquele que lhes serve o cafezinho.

No Google, uma das dinâmicas mais famosas para qualificar um funcionário no segundo dia de entrevista é: "Qual é o nome do recepcionista que te atendeu no primeiro dia?". Prestamos atenção ao nome daqueles que podem nos interessar e simplesmente ignoramos os que prestam serviços, que estão contribuindo para a empresa tanto quanto qualquer outra pessoa.

Uma lição dos meus pais que levo para vida é respeitar e valorizar todas as pessoas, independentemente da posição e do cargo. Afinal, o porteiro é quem abre as portas para você, o ascensorista o leva ao topo, o recepcionista o recebe e o faxineiro conserva os caminhos livres para você passar.

Para crescer 1% hoje olhe com atenção para as pessoas com quem você trabalha. Faça por elas algo que gostaria que fizessem por você.

Se quer ser valorizado, valorize as pessoas.

50%

Carmen Miranda

Eu nunca fui influenciada pelos outros!

Carmen Miranda foi um ícone do início do século XX, uma verdadeira artista completa. Cantora, dançarina e atriz, ela interpretava as músicas à sua maneira e revolucionou a forma como as pessoas se relacionavam com a imagem do artista – em especial numa época em que ainda havia muito preconceito com figuras femininas que se vestissem de maneira extravagante.

Ao revolucionar a moda com seu estilo peculiar e as frutas na cabeça, criou algo que logo depois seria sua marca registrada. Carmen dizia: "Eu nunca fui influenciada pelos outros, mas sim pelo meu próprio estilo". Essa lição mostra que seguir a nossa própria verdade e aquilo em que acreditamos nos livra de ser contaminados pelo que todos estão fazendo, para assim criar algo que pode marcar época e se transformar na nossa marca pessoal.

Seguir seu próprio caminho é, acima de tudo, respeitar a si mesmo. Se você não está de acordo com o que as pessoas estão vestindo, fazendo ou seguindo, vá por outro caminho e busque seus próprios resultados.

Questione-se: "O quanto me importo com a opinião das pessoas?". Apesar de nunca ter sido influenciada pelos outros, Carmen se tornou influência para toda uma geração.

Quem quer influenciar precisa aprender, em primeiro lugar, a parar de agradar a todo mundo. Pessoas que sempre falam sim para negócios e projetos com os quais não gostariam de se envolver, mas que o fazem para agradar, perdem seu respeito e seu valor.

Não fique em cima do muro. Seja quente ou frio. Não seja morno.

Avaliar seus projetos e só diga sim para o que realmente importa na sua vida. Use sua verdade para influenciar e pare de ser influenciado, ignorando tudo aquilo que é autêntico e único dentro de você.

51%

Rick Chesther

A crise pode estar dentro de você

Você só não ouviu falar de Rick Chesther se passou um tempo fora deste planeta no último ano.

Ele começou a fazer barulho com o vídeo sobre vender água na praia, quando provou que o brasileiro pode sempre se reinventar, basta levantar da cadeira e ir trabalhar com aquilo que tem em mãos. Depois de vender muita água sob um sol escaldante nas areias de Copacabana, carregando uma caixa de isopor de sessenta quilos, o Rick conquistou todo mundo.

Aquele vídeo termina com uma frase de efeito bombástica: "Vender água não dá pra você, não? Então a crise, no seu caso, não está no país, está dentro de você".

Todos os dias, na timeline das redes sociais, uma novidade do Rick nos surpreende. Ele começou pequeno, mas chamou tanta atenção que hoje estrela campanhas publicitárias de grandes marcas. Se um dia foi impedido de entrar num banco para criar sua conta-corrente, hoje é garoto-propaganda de um e conversa com o próprio presidente da instituição.

Para mim, o que o Rick faz, além de uma aula de motivação, é mostrar que é possível vender qualquer coisa. Como bom vendedor, ele soube detectar oportunidades mesmo onde elas pareciam não existir.

Um tempo atrás vi uma reportagem sobre um menino que, no mesmo dia em foi demitido do emprego, usou aplicativos para alugar uma bicicleta e uma mochila de entregador de comida. Foi aí que ele percebeu que conseguia fazer sozinho a mesma grana que ganhava estando na empresa.

Todo mundo tem que ter um pouco de Rick Chesther dentro de si. E eu particularmente acredito que, se fizer com emoção, você pode vender qualquer coisa para suprir uma necessidade num momento específico.

Ele não vendia água. Ele vendia uma solução.

Outro dia, jantando com minha esposa, falávamos sobre criar um cenário em que ela comprasse a rolha do vinho que estávamos tomando. Ela achou impossível que eu conseguisse convencê-la a comprar, e eu topei entrar na brincadeira: disse que era de um vinho de 1952, aberto quando a rainha Elizabeth passava férias na Toscana, e que ao final do jantar ela tinha assinado aquela rolha.

Com aquele cenário, gerei valor para o produto e criei emoção, para que a pessoa se conectasse com aquele objeto.

O cliente sempre precisa entender o que está comprando. Hoje, por exemplo, quando vendo algo da linha com a qual trabalho, não ofereço um produto, ofereço o resultado. Por exemplo, se você está vendendo colágeno hidrolisado, pergunte se a pessoa quer acabar com a celulite, ficar com a unha mais forte ou o cabelo mais bonito. Assim ela percebe que precisa daquele produto, e você tem a solução. Quando isso acontece, a venda está feita.

Os três pilares da venda são: entender muito bem seu mercado, criar emoção e suprir necessidade.

Vender pode te salvar de qualquer crise. Tendo persistência e obstinação, você pode construir um império, começando hoje mesmo, do zero. Como fez o Rick. E como provam todos aqueles que contribuem com 1% dentro deste livro. Pegou a visão?

52%

Akio Morita

Nunca cometa o mesmo erro duas vezes

Akio Morita é um dos fundadores da Sony, uma empresa avaliada em bilhões de dólares. Ele fez história!

Com uma jornada de erros e acertos, diz: "Não tenha medo de errar, mas nunca cometa o mesmo erro duas vezes".

Quando ouço isso, lembro da minha experiência como empreendedor – porque eu fui um cara que já cometeu o mesmo erro duas vezes – e penso: "Por que não tirei a limpo tudo que aprendi com aquele primeiro erro?".

Por exemplo, já entrei em duas empresas do mesmo segmento. Em ambas as vezes, quebrei.

Na primeira, fracassei por apostar minhas fichas apenas em algumas pessoas, quando deveria ter buscado um time coeso e forte. Achei que fosse dar tudo certo por ter sonhos grandes, intenções positivas e animação de todos. Só que o tempo passa, os desafios começam, as vontades mudam, o momento de vida dos envolvidos tomam rumos diferentes. E eu era um otimista inveterado que não tinha *know-how*.

Da segunda vez o erro aconteceu pelo mesmo motivo: foco e time desalinhados. A partir daí, comecei a criar mandamentos de negócio, questões que hoje identifico que deveriam ter sido realizadas logo após o primeiro erro – por exemplo, alinhar expectativas e responsabilidades de cada um em um documento formal e fortalecer dia a dia a cultura do negócio.

Além disso, busco conhecimento lendo livros, participando de cursos, palestras e workshops sobre os assuntos pertinentes aos meus negócios e me atualizando constantemente (o chamado *life long learning*, ou aprendizado contínuo).

Criei esses mandamentos, que sigo a cada novo negócio, para não cometer os mesmos erros. Porque errar uma vez faz parte do processo, mas errar duas vezes, insistindo no mesmo erro, é burrice.

Muitas vezes você pode até acreditar que está agindo diferente no novo negócio, mas, se não parar para analisar aquilo que não deu certo e aprender a lição com os seus erros, eles irão se repetir exaustivamente, até que você aprenda – ou seja arruinado por eles.

53%

Edward Murphy

Se algo tiver que dar errado, dará

Todo mundo já ouviu falar da tal "lei de Murphy": quando seu pão torradinho cai com a manteiga virada para baixo ou quando você muda de fila no banco e a anterior começa a andar.

A verdade é que esse cara, por mais que pareça pessimista, trouxe um grande ensinamento: "Se algo tiver que dar errado, dará". E para o dia a dia a gente precisa entender que, se pode dar certo ou errado, é preciso estar preparado para os dois cenários.

Quando vão atrás de uma certa atividade, as pessoas sempre param para imaginar o cenário positivo, como se o mundo fosse um grande conto de fadas, e ignoram as possibilidades de erro. Pensar no lado bom faz você começar, mas pensar no que pode dar errado faz você amadurecer sua mente para minimizar os riscos.

E maioria das pessoas fracassa por isso. Pensam no que pode dar certo, mas não percebem que o processo pode ter vários buracos e obstáculos que vão tentar de qualquer jeito tirá-las do rumo. E muita gente sai no meio do caminho em vez de investir tempo estudando os buracos.

O 1% de hoje é: que tal estudar os buracos? Por que não olhar o que pode dar errado no meio do caminho?

Sempre existe a possibilidade de a lei de Murphy agir, portanto, se você estiver preparado para ela, a chance de não se frustrar com o erro e saber sair dele com objetividade é muito maior. Trabalhe para o melhor e se prepare para o pior. Fica a dica!

54%

Gustavo Cerbasi

Não use o salário para manter o mês, mas para manter toda a sua vida

Um dos maiores consultores financeiros do Brasil – e um grande mentor para mim e para muitos brasileiros que aprenderam com ele a administrar finanças pessoais –, Gustavo Cerbasi é responsável pelo nosso 1% do dia.

Ele defende a ideia de valorizar o dinheiro pensando no longo prazo, mas para muita gente ainda falta educação financeira. Na visão dele, você não precisa nem ter um plano tão maravilhoso, porém precisa ser consistente.

O que mais vemos hoje são pessoas quem gastam bem mais do que ganham, cada vez mais endividadas, sem que o tema da educação financeira seja discutido dentro dos lares.

O grande ponto é que você precisa saber muito bem quanto custa manter o seu padrão de vida. Para muita gente, sempre sobra mês no final do salário: sabem quanto ganham, mas não se dão conta de quanto gastam.

Mas o custo de vida não deve aumentar proporcionalmente à renda. Se você ganhava 2 mil e passa a ganhar 10 mil, o custo de vida não pode subir para 10 mil, porque você sabe que pode vir uma dor de barriga. E aí a queda pode ser mais desafiadora.

À medida que sua renda cresce, mantenha seu padrão de vida antigo por pelo menos dezoito meses. Custo é tipo unha: se você não cortar, ele cresce. E se você não está conseguindo guardar dinheiro, deve achar formas alternativas de aumentar sua renda, como fazer extras, por exemplo. Eu mesmo já trabalhei em shopping para aumentar minha renda em fim de ano.

Por falar em shopping, uma vez estava passeando com um amigo suíço aqui no Brasil e ele viu numa vitrine uma placa "12 × R$100".

Não entendeu nada. Ficou olhando, tentando decifrar aquele "enigma", e expliquei a ele que as pessoas que não tinham aquele dinheiro teriam a possibilidade de parcelar o produto em doze vezes. Ele respondeu: "Se a pessoa não tem dinheiro, por que compra?".

Para mim, foi uma aula de educação financeira resumida em uma frase.

É exatamente isso que acontece com o brasileiro: parcela tudo o que quer comprar – quase sempre coisas de que não precisa com o dinheiro que não tem – para mostrar para pessoas de que não gosta e ser uma pessoa que ele não é. Compra celular, tênis, artigos caros, pagando juros do cartão de crédito e gastando muito mais do que recebe.

O primeiro nível de consciência é: não gaste mais do que você ganha. Saiba de quanto você precisa para viver. E entenda que se tem dinheiro, pode comprar algo; se não tem, não pode. Simples assim.

Todo mês guarde pelo menos 20% do que ganha para ter uma reserva financeira. Se não der para guardar nem cortando os custos, arranje uma atividade extra. Internalizando isso, vai perceber que enriquecer pode ser mais simples do que você imagina.

55%

Lady Gaga

Valorize a opinião de pessoas que você respeita

Lady Gaga é hoje mundialmente respeitada e reconhecida não somente pela sua voz, mas também pela atuação no cinema. Além de performática, talentosa e extremamente competente no que faz, ela ainda desperta *insights* em suas entrevistas na televisão, empoderando mulheres e reforçando seus próprios valores, talhados quando ainda era pequena.

A frase: "Só valorize a opinião das pessoas que você respeita, das pessoas que você admira, das pessoas que chegaram em resultados que você almeja" é uma de suas chaves do sucesso. Podemos tirar inúmeras lições para enriquecer nossa mente a partir dessa afirmação.

Por exemplo, vejo que esse pensamento está em falta no empreendedorismo. Muitos de nós, quando começamos um negócio ou temos determinadas ideias, desistimos porque apresentamos o projeto para quem não sabe o que está falando. Desistimos antes mesmo de tentar, por valorizar opiniões de gente que não teve resultado ou não performou na área de atuação em que queremos atuar.

Os destruidores de sonhos estão em todos os lugares, e eles quase me fizeram desistir. Por sorte, entendi a tempo que valorizar a opinião de quem eu respeitava poderia ser a mola propulsora que me faria alçar voos maiores.

Para cada área da minha vida busquei mentores que poderiam contribuir de maneira efetiva no crescimento que eu buscava. Graças a opiniões pontuais que me trouxeram *insights* para meus negócios, fui capaz de progredir dentro de cada uma das minhas frentes e meus projetos, materializando sonhos que não seriam possíveis caso eu tivesse valorizado palpites errados.

Preste atenção em quem dá as opiniões que estão moldando seu futuro. Ouça quem você admira e quem chegou ao resultado que você almeja. Muitos tentarão te parar, mas só vão conseguir se encontrarem uma mente vulnerável e disposta a ser nocauteada.

56%

Stephen Hawking

Na minha mente sou completamente livre

Stephen Hawking foi sem sombra de dúvidas um dos grandes gênios da humanidade. Apesar da sua doença degenerativa - que começou a se manifestar quando completou 21 anos e o fez andar numa cadeira de rodas e falar através de uma máquina -, ele jamais desistiu de viver, de lutar e de estudar obsessivamente para desvendar mistérios que a física era incapaz de responder.

Sua maior lição, que fazia questão de levar por onde passava, era: "Apesar de estar em uma cadeira de rodas, não conseguir me mover e ter de falar através de um computador, na minha mente eu sou completamente livre".

Ser livre na mente é a maior liberdade que pode existir. Muitas pessoas estão com o corpo em pleno movimento, mas não são capazes de tomar decisões acerca de suas próprias vidas. Estão tolhidas e vivem como se estivessem algemadas. Algemadas a trabalhos, a relacionamentos, a tudo o que teoricamente as impede de viver da maneira como sonham.

Meu coração palpita quando falo desse assunto, porque um dos grandes valores que permeiam minha vida é justamente a liberdade. Sei o quanto deve ser limitante ser refém de algo quando podemos escolher a vida que queremos neste universo tão vasto de possibilidades.

É importante lembrar que muitos de nós se colocam em determinadas situações porque nossa capacidade de pensar fora da caixa foi sendo limitada ao longo da vida. Fomos condicionados a aprisionar a mente, que deveria estar livre a maior parte do tempo.

Crianças são as melhores fontes de criatividade que conheço. Viver tão próximo aos meus filhos me faz pensar fora da caixa, através de brincadeiras e atividades que fazem a mente voar. Quando viajamos e estamos no quarto do hotel, na hora de dormir deixo a televisão ligada sem som e começo a dublar ininterruptamente tudo o que está acontecendo no desenho ou no filme. Meus filhos têm crises de riso com os diálogos criados.

É uma brincadeira simples e engraçada, boa para exercitar a criatividade e que traz a oportunidade de pensar em realidades imaginárias. Sempre que faço isso percebo que podemos estimular a mente a criar o tempo todo, seja inventando diálogos imaginários ou saídas para problemas complexos dentro de uma empresa. Podemos sempre ampliar o nosso repertório.

A vida criativa só acontece quando temos a mente ágil e desperta para criar. Somos todos livres dentro da mente, porque imaginação é algo que nos é dado assim que nascemos, e não podemos perder a capacidade de imaginar, sonhar e intervir nos resultados das nossas vidas.

Que hoje você possa crescer 1% exercitando sua habilidade inesgotável de viajar com sua mente, mesmo que seu corpo esteja aprisionado. Porque uma mente sem limites chega mais longe do que podemos imaginar.

57%

Ken Blanchard

Liderança não é autoridade, é influência!

Uma das frases de Ken Blanchard, autor de best-sellers sobre liderança, está tatuada na minha mente: "A liderança é formada não pela autoridade, e sim pela influência". No dia em que ouvi isso, fiquei reflexivo por alguns minutos e percebi que era a mais pura verdade.

O termômetro da liderança é o tamanho do desafio que você assume. Muitas pessoas fogem de desafios, mas não percebem que sem desafios elas continuam onde estão. Não são capazes de subir um degrau. Se você está em um ambiente onde as pessoas estão fugindo de desafios, coloque desafios menores, mas deixe que as pessoas se acostumem com eles, por menores que sejam.

Tem um desafio grande? Vá em frente, detone esse desafio e comece a construir sua liderança.

Só assim você fica cada vez mais preparado para os obstáculos da vida. Os desafios que me tiravam o sono há dez anos hoje nem fazem cócegas, porque eu os enfrentei e me deparei com outros.

Que tipo de desafio você está encarando hoje? De que tipo de desafio você está fugindo, feito uma criança assustada?

Mesmo que você não queira ser líder, independentemente da posição que você ocupe, seu crescimento é medido pelo desafio que você assume. Sua evolução depende disso. Busque coisas diferentes que tragam possibilidades que ainda não foram experimentadas.

A soma de experiências novas vai fazer você crescer. E de desafio em desafio você vai chegar cada vez mais longe.

58%

Flávio Augusto

Nunca tome uma decisão em baixa

Todo empreendedor já ouviu falar do Flávio Augusto, empresário que está deixando um legado incrível e servindo de inspiração para empreendedores e jovens profissionais do Brasil. Um verdadeiro visionário.

Para quem não conhece a história dele, Flávio é o fundador da Wise Up, uma das maiores escolas de inglês do Brasil. Em 2013, vendeu a rede por quase 1 bilhão de reais e depois de dois anos a comprou de volta.

Eu o admiro porque é um grande inovador. Flávio saiu do zero, construiu um império, se tornou referência através do seu canal, o Geração de Valor, e ainda por cima comprou o Orlando City, time de futebol nos Estados Unidos.

Apesar de ele ter inúmeras frases inspiradoras, escolhi uma que se tornou um mantra para mim: "Nunca tome uma decisão em baixa". Por que ele diz isso? Porque a inteligência emocional é a sua aliada para tomar decisões assertivas. Ao incorporar esse 1% na minha vida, percebi que as decisões que tomamos quando estamos no desespero, com raiva, com medo ou agindo por impulso podem colocar tudo a perder.

Se precisa tomar uma decisão, pare, respire, melhore seu humor e sua energia e retome o assunto com a cabeça fria.

Um método que mudou a maneira como eu tomava decisões (e que uso até hoje) é a teoria dos 10-10-10: no momento da decisão, tento entender como ela fará com que eu me sinta depois de dez minutos, dez meses e dez anos. Colocando a perspectiva de curto, médio e longo prazo e mantendo a vibração alta, bingo: dificilmente você toma uma decisão errada.

Quantas vezes você já deu uma resposta que não deveria no calor do momento? Eu já, inúmeras vezes. Então, hoje, quando surgem situações que me deixam em estado de alerta, em vez de responder de imediato eu desligo o motor, para responder de forma consciente e tranquila quando esfriar.

Com essa estratégia, você vai crescer bem mais que 1%.

59%

Tony Robbins

Não se deixe paralisar pelo medo

Tony Robbins é coach, mentor e palestrante, um homem vidrado em transformar pessoas e fazer com que encontrem seu potencial pleno.

Através de livros, palestras, vídeos e entrevistas, as palavras e as reflexões de Tony viajam o mundo. Talvez por isso tenha sido tão difícil escolher apenas uma de suas frases. Mas, olhando para tudo que vivi e aprendi com ele, me lembrei de uma poderosa lição: "Use o medo e a pressão do ambiente não para se deixar paralisar, mas sim para impeli-lo para a frente".

Nas situações em que ficamos apavorados ou que o ambiente nos pressiona, é comum ficarmos paralisados, mas essa mesma força pode nos impulsionar a fazer coisas que jamais imaginaríamos ser capazes.

Certa vez, quando meus filhos Bento e Tito eram pequenos, tive certeza disso. Estávamos em casa e tínhamos acabado de fazer um churrasco entre amigos. O Tito tinha ganhado uma bicicleta e, enquanto pedalava, o Bento correu atrás dele e colocou a mão na roda. Tínhamos alertado sobre o perigo disso, mas tudo aconteceu em segundos, e o dedo do Bento ficou preso na corrente da bicicleta.

A imagem era chocante. Enquanto ele gritava, percebi que o dedo do meu filho estava entre a corrente e o ferro, pendurado. Em meio a gritos apavorados, senti meu corpo paralisar, mas pedi que minha esposa buscasse a caixa de ferramentas para soltarmos a corrente.

Só que, antes que ela voltasse, o instinto falou mais alto, e deixei o medo e aquela pressão dos gritos de pânico me impulsionarem. Com toda a força das mãos, consegui quebrar a corrente de aço. Colocamos a mão do Bento inteira em um copo com gelo – o dedo estava literalmente pendurado, somente segurado por uma pele –, e corremos para o hospital. No fim das contas, deu tudo certo.

Tempos depois, ao lembrar daquele dia, tentei quebrar uma a corrente de bicicleta com a mão e, claro, não consegui. Foi a adrenalina do momento que me deu força para fazer aquilo.

Talvez os momentos de medo e pressão em nossas vidas sejam assim: eles podem nos paralisar, mas também podem fazer com que encontremos uma força inimaginável para quebrar as correntes que nos prendem e seguir em frente.

Se quer crescer hoje, use o medo como alavanca e transforme a pressão no seu combustível para realizar aquilo que não conseguiria em condições favoráveis.

60%

Gustavo Caetano
Inove ou morra tentando

Gustavo Caetano é autor do livro *Pense simples* e desta frase: "Inove ou morra tentando".

Se não nos preocuparmos com inovação dentro de cada negócio e cada ação que fazemos, ficamos para trás. Não importa se o nosso time está ganhando. Não importa se estamos nadando no sucesso. Todo dia alguém acorda com uma ideia nova para colocar em prática. Se não estivermos ligados nisso, perdemos a posição ou tudo o que conquistamos, porque ficamos parados no tempo, com medo de falhar, de fazer diferente.

E a inovação está nas veias do Gustavo. Para inovar, ele tem a fórmula que considero uma das mais bacanas do empreendedorismo: "Falhe rápido, falhe barato, mas falhe". Isso porque é no fracasso que você vai encontrar o caminho ideal para que grandes coisas acabem acontecendo. Quanto a mim, falho para encontrar as arestas, e a partir delas construo um novo caminho. Falho rápido e barato e continuo no jogo.

Já trabalhei como funcionário em uma multinacional, mas decidi inovar, empreender. Tentei muitas coisas, e me encontrei mesmo no marketing de relacionamento, que me conecta com as pessoas, alimenta minha paixão e me abre portas para investir em outros negócios.

Sou como um radar ligado 24 horas por dia: não pisco, para não deixar uma oportunidade passar, crio cenários imaginários e ajo, mesmo que a inovação proposta jamais tenha sido pensada ou executada por alguém que eu conheça. Oportunidades não caem no colo. São encontradas em uma busca constante para fazer diferente. Você cria as oportunidades.

Não desperdice tempo de vida parado com medo de mudar o que você já faz. Mudar faz parte da vida. Pense hoje no que pode inovar. E escreva na porta da geladeira: "Inove ou morra tentando".

61%

Drake

Oportunidade é como uma foto

Quero falar sobre oportunidade. Certa vez ouvi uma fala de um rapper americano que ecoou nos meus ouvidos. É uma frase do Drake, um músico que estourou no mundo todo e através da sua arte construiu uma marca, um império e uma fortuna.

Na música ele coloca mais do que seus sentimentos. Ele coloca sua vida. E o que ele percebeu através da sua vivência? Que a oportunidade é como uma foto, tem o momento certo para acontecer. Por isso, temos que estar preparados para enxergá-la, mas só conseguimos ver as oportunidades quando estamos alinhados com nosso propósito.

Propósito e ambição são coisas diferentes. Ambicionamos algo porque a ambição nos faz agir em direção ao nosso propósito, e percebi ao longo da vida que, quando eu tinha um *insight*, ficava atento às oportunidades que surgiam a partir daí. E oportunidade sempre foi assim: ou eu pegava na hora, ou elas passavam e não tinha como voltar atrás.

É muito ruim olhar para trás e perceber que você perdeu oportunidades. E amargar isso é uma das piores coisas que podem acontecer para um ser humano: ter tido a oportunidade e não ter se jogado nela.

Muitas pessoas correm feito loucas cavando oportunidade na vida. Outras descartam as oportunidades que aparecem. Esse segundo tipo de gente pode se arrepender muito no futuro, porque a vida é evolução e crescimento. Se sabemos nosso propósito e almejamos chegar em algum lugar, quando a vida nos exige ação, é hora de agir, sem medo de errar.

Sabe quando tirávamos foto com a máquina analógica e aquele filme ficava lá dentro esperando ser revelado? Naquela época, quando chegava na última foto, sabíamos que aquele clique não poderia ser desperdiçado.

É o clique do momento certo, tipo fotografar um nascer do sol. Há pouco tempo, viajei para a Noruega com meus filhos para caçarmos a aurora boreal. Sabíamos que veríamos um grande espetáculo da natureza, mas são momentos que exigem atenção para não perder.

A vida é exatamente assim: é preciso saber usar aquela oportunidade que está diante de você como se fosse a última da vida. Não desperdice aquilo que pode mudar a sua trajetória. Agarre com todas as suas forças a oportunidade que surgir e decole com ela.

Pode dar errado? Pode. Mas o arrependimento pode ser bem pior se você perceber que poderia ter feito algo e não fez. Reflita sobre isso e agarre as oportunidades que estão na sua frente nesse momento. Elas podem passar e não voltar nunca mais.

62%

Chuck Norris

Adapte-se e valorize o que tem

Chuck Norris é uma lenda viva. Quando lembramos dele, já pensamos nos memes envolvendo seu nome, porque ele é imparável. Sabe tudo, luta tudo. Parece imortal.

Poucos sabem, mas ele teve uma infância difícil e diz que sua vida começou a mudar quando ele percebeu que era preciso se adaptar e valorizar o que tinha. No fundo, ele ia, passo a passo, construindo a própria trajetória e celebrando pequenos resultados.

Quando a gente para pra pensar, percebe que a adaptação é uma qualidade muito importante, essencial para a sobrevivência. Não vence quem é mais forte, vence quem se adapta aos mais diferentes tipos de situações.

Ainda muito jovem aprendi o que era valorizar o simples e me adaptar ao que a vida oferecia naquele momento. E um episódio em especial fez com que eu levasse comigo aquele ensinamento.

Eu estava na Zâmbia e precisava voltar à África do Sul pegando uma lotação – um caminhão que levava mulheres, crianças e homens empoleirados. Nas condições de que dispunha como mochileiro, era a única alternativa. E, para completar, a viagem levaria quase três dias. Ou seja: eu ficaria três dias dentro da caçamba de um caminhão numa estrada precária sem qualquer segurança. Para se ter uma ideia, o caminhão não tinha sequer chave, o motorista fazia ligação direta.

Nos primeiros dias, de cara percebi como era bom dormir numa cama, já que lá eu mal conseguia me mexer. Depois fui me dando conta das inúmeras coisas que eu não valorizava na vida. O simples fato de encontrar água para beber já era um alívio enorme. Eu, que tinha sido criado com comida farta, água encanada e banho quente, nunca tinha conseguido enxergar que aquilo era a coisa mais valiosa do mundo.

Não valorizamos o simples até que nos falte o básico. Durante aqueles três dias de viagem intensa tomei água suja da torneira sem saber a procedência, mas a ficha caiu mesmo quando percebi que o quibe que eu ia comer era na verdade um ovo cheio de moscas. Ali entendi o que é escassez e como não damos valor para os recursos que temos.

Depois de espantar as moscas e comer aquele ovo para não desmaiar de fome, comecei a raciocinar de maneira diferente, e hoje sou grato todos os dias porque valorizo as coisas mais simples que posso acessar. Nessa viagem, percebi que o ser humano se adapta a todas as situações possíveis e imagináveis, e que precisamos ter mais maturidade com o que temos.

Muitos desprezam o valor do simples. Muitos estão tão habituados com a água do filtro e a cama quentinha que nunca souberam o que é dar valor ao que se tem.

Se Chuck Norris é invencível, é porque tem essa capacidade de adaptação que todos deveríamos ter. Tendo passado por aquela situação, assim que cheguei a um lugar seguro e encontrei uma máquina de refrigerante, tomei seis latinhas de uma vez, sem nem sequer ter o hábito de tomar refrigerante.

O que eu quero que você faça hoje é viver o simples. Temos plena capacidade de adaptação, mas devemos observar e valorizar tudo o que está ao nosso redor. A água, a cama, os recursos que temos.

Esse 1% vale uma vida.

63%

Tim Berners-Lee

A única coisa permanente na vida é a mudança

Para mim, Tim Berners é um gênio da atualidade. Se você nunca ouviu falar dele, saiba que é um cara que tem muito conhecimento: Tim é um físico que manja muito de computação. Esse homem foi responsável pela primeira comunicação entre o http e um servidor. Isso fez com que ele fosse chamado para o conselho do MIT, um dos maiores berços de gênios do mundo.

Tim Berners diz o seguinte: "Assim como a vida é dinâmica, ninguém para, a única coisa permanente na vida é a mudança".

Esse ensinamento aprendi no berço, através da trajetória da minha Nonna. Um grande exemplo de vida. Embora ela já tenha falecido, as histórias que ela me contava quando pequeno me faziam ter ainda mais admiração pela figura dela.

Italiana, de classe alta e atleta, falava sete línguas, que aprendeu morando na Inglaterra e na Suíça, mas viu seu mundo virar de ponta-cabeça com a Segunda Guerra Mundial. Seu marido, meu Nonno, foi enviado para o campo de batalha, e ela se viu sozinha com dois filhos pequenos, buscando refúgio das bombas que explodiam sobre suas cabeças e enfrentando escassez de comida.

Como muita gente naquela época, os dois decidiram sair do país buscando reconstruir suas vidas, fugindo da recessão pós-guerra. Entraram num navio sem saber o que os esperava. Ela dizia que não tinha medo de mudar de país nem de construir uma nova vida num lugar onde não conhecia nada nem ninguém.

Não consigo imaginar como deve ser a vida no pós-guerra, muito menos com dois filhos que ficaram cinco anos sem ver o pai. Também me admira a coragem dela de abandonar suas raízes e embarcar rumo ao desconhecido.

Mas, sempre que conversávamos a respeito disso, a Nonna dizia: "Fernão, nunca tenha medo da mudança". Sempre me inspirei na positividade e no jeito leve dela de ver a vida.

Por isso, hoje, ler esses grandes pensadores e gênios dizendo algo que minha avó já dizia me faz acreditar na força das palavras e em como pessoas que agem apesar das dificuldades conseguem vencer e embarcar em direção ao novo.

E você? Está embarcando nas mudanças ou está parado feito um navio no porto?

64%

Robin Williams
A cada um de nós é dada uma dose de loucura

"A cada um de nós só é dada uma pequena dose de loucura. E você não pode perdê-la." Robin Williams, ator de filmes como *Sociedade dos poetas mortos* e *Patch Adams*, que marcaram gerações, dizia que as pessoas que buscam algo a mais sempre serão chamadas de loucas.

Se você for empreendedor, então, ser chamado de louco vai se tornar algo frequente na sua vida. Só que muitos de nós, no decorrer do caminho, acabamos perdendo essa dose de loucura para sermos aceitos ou para evitar julgamentos. O sistema, que sempre acaba nos colocando num determinado caminho, faz com que a gente perca a criatividade, o sonho, buscando a "normalidade".

Eu, que sempre fui considerado louco quando ousava fazer algo que ninguém fazia, sempre tive uma espécie de termômetro interno para avaliar se estava no caminho certo. Quando eu dirigia por 1600 quilômetros para ir a uma reunião e voltava sem fechar negócio, deitava a cabeça no travesseiro e pensava comigo mesmo: "Será que sou julgado como louco por fazer o que ninguém está fazendo?".

Porque para uns pode parecer loucura ou arriscado demais viajar tanto e não ter resultados em pouco tempo, mas ficava feliz quando o dia terminava e eu via que estava fazendo o que mais ninguém fazia, porque sabia que estava inovando.

Se nos intitulam como loucos é porque estamos na contramão da massa. E talvez esse seja o caminho certo a seguir. A liderança é a contramão da massa, e para criar a sua rota você precisa fazer o que ninguém fez.

Penso que o sucesso é como uma câmera escondida que te observa o tempo todo. Por mais que você ache que está fazendo o suficiente, ou tente enganar alguém ou a si mesmo sobre sua produtividade, a câmera está te vendo. Portanto, a melhor reflexão a ser feita é, ao final do dia, deitar a cabeça no travesseiro e perguntar para a câmera: "Quantas pessoas produziram como eu hoje?". Quando a resposta for poucas ou ninguém, você está no caminho certo.

O sucesso é uma equação. Fazer diferente é deixar aquela dose de loucura vir à tona sem medo de ser julgado por estar trilhando um caminho alternativo. Para ser fora da curva é preciso sair um pouco da rota. Todos os dias.

65%

Ana Maria Braga
Acorda, menina!

Ana Maria Braga, a rainha das manhãs, que já está há quase trinta anos ao vivo diariamente na televisão, é uma empresária de sucesso há mais tempo que podemos supor. Depois de sair do emprego como diretora comercial de revistas femininas, decidiu que criaria um programa de TV e bateu na porta de uma emissora, levando um formato que foi copiado exaustivamente desde então.

Dona do bordão "Acorda, menina!", ela faz um convite diário para que as pessoas levantem da cadeira e ajam. Através de pensamentos do dia parecidos com os que você lê neste livro, ela também convida a crescer um pouco por dia, além de dar ideias para que as pessoas se reinventem e gerem renda, fazendo artesanato ou cozinhando.

Ana Maria ressalta que todos os dias vê espectadores se reerguendo profissionalmente e começando algo do zero depois do "Acorda, menina!", contagiados pelo seu entusiasmo ou porque decidem tomar uma atitude e ser protagonistas da própria vida.

Já vivi alguns "Acorda, menino!": quando pedi demissão do trabalho de que não gostava, quando decidi criar meu próprio roteiro de vida, quando disse a mim mesmo que não seria uma vítima das circunstâncias, mesmo que os leões estivessem correndo atrás de mim e eu precisasse matá-los diariamente.

Minha vida por si só foi cheia de desafios que me fizeram entender que acordar era necessário sempre.

Para o que você precisa acordar hoje? Pergunte a si mesmo o que precisa de uma atitude diferente sua, porque se ficamos parados e inativos somos reféns do destino. E, assim como ela, podemos construir um império e deixar um legado simplesmente levantando da cadeira e criando possibilidades quando todas as portas parecem fechadas.

Acorde. Todos os dias.

66%

Tom Hanks

Seja honesto o tempo todo!

Pode parecer básico o que eu vou dizer, mas a honestidade muda todo o jogo na vida. O único meio de controlar o modo como você é visto é sendo honesto o tempo inteiro. Tom Hanks, um dos maiores atores americanos, uma vez disse: "Trabalhe muito sua consciência, porque existe uma disputa entre a reputação e a consciência das pessoas".

A reputação é muito importante: é a forma como as pessoas te olham, é o exemplo que você dá. Mas não adianta nada falar uma coisa e fazer outra. Ser transparente é sempre o melhor negócio.

Aprendi isso na marra. Sempre tive dificuldade com escola e não me adaptava ao que eu acreditava ser um lugar que reprimia a criatividade. Certa vez, quando precisei fazer um trabalho de conclusão do ensino médio, os professores pediram que entregássemos uma monografia. Eu não sabia nem por onde começar. Apesar de ter tido o ano inteiro para fazer, deixei para a última hora. Na época, imaturo, decidi recorrer a um meio pouco honesto para entregar o trabalho no prazo.

Liguei para uma amiga da minha irmã e pedi uma tese de faculdade do curso de direito. Ela me mandou, eu fiz algumas alterações nas trezentas páginas que recebi e entreguei. Quando a professora devolveu as notas, deixou meu nome por último e disse que os coordenadores queriam ter uma conversa comigo.

Ainda me lembro da expressão da minha mãe quando contei para ela o que tinha feito e do sentimento ruim em decepcioná-la. Sinto vergonha por não ter sido transparente e agido com honestidade desde o começo e me arrependo profundamente porque hoje sei que agir desta forma, além de trazer uma consequência, mancha a nossa reputação.

Às vezes você pode até achar as regras do jogo injustas, mas, a partir do momento em que começa a jogar, tem que aceitá-las. Simples assim.

Ser honesto faz com que a gente tenha credibilidade. Se você mente uma vez, as pessoas perdem a confiança em você e tudo acaba. Demora pra reconstruir aquele laço que se perde.

O 1% de hoje é para que você fique atento às suas atitudes. Seja honesto com você, com sua família e com a sua profissão.

E faça isso o tempo todo.

67%

Santos Dumont

Sucesso é fruto de persistência

Tem gente que inventa coisas úteis, e tem caras como o Santos Dumont, que inventou o avião.

Você consegue imaginar uma pessoa que teve a capacidade de criar algo que não era nem uma hipótese na cabeça das pessoas? Consegue imaginar a mente de um sujeito que inventou algo para que as pessoas pudessem voar?

Pois é: na época em que ele fez isso, o que ele disse foi que "todas as invenções são fruto de muita teimosia", e, para mim, essa expressão sintetiza o que nos move. E o sucesso da empreitada dele só se deu porque ele tinha muita persistência.

Quando falo em persistência, falo de tentar todos os dias, infinitas vezes, sem pensar se pode dar certo ou não. Tentar até conseguir deveria ser um mantra em nossas vidas, e eu não acredito que exista qualquer coisa que tenha dado certo que não tenha sido fruto de muita persistência.

Quando era mais jovem, coloquei na cabeça que queria entrar numa empresa, e para isso devo ter sido o cara que mais participou de entrevistas de emprego até hoje. Foram 47. Imagine só que, quando eu consegui, eu já tinha entendido o que era o "não", o que era a recusa e a frustração.

Hoje, quando vejo pessoas parando no meio do caminho, reclamando que não conseguiram chegar aonde queriam, eu pergunto: "Quanto você tentou?". Será que você persistiu o suficiente? Será que você tentou tantas vezes quanto pôde? Será que já pensou que para ter resultados é preciso persistir até conseguir?

Persistir é criar oportunidades. Muitas vezes ia para as entrevistas sem pretensões, desacreditado, mas nunca deixei de ir. Sempre acreditei que em movimento, no campo, na luta, as coisas iam acontecer.

Na última prova de processo seletivo de que participei, fui direto de uma festa. Obviamente fui muito mal. Na semana seguinte, recebi uma ligação dizendo que a vaga era minha. Sem entender como, perguntei se tinham certeza de que o nome do aprovado era Fernão Battistoni. A resposta foi positiva. Eram vinte mil pessoas disputando dezenove vagas, uma delas para atuário, e eu era o único com aquela formação.

Persistência te leva a lugares a que o talento nem sonha em levar.

68%

Platão

Não tenha medo da luz

"Podemos facilmente perdoar a criança que tem medo do escuro, mas a maior tragédia da vida é o homem ter medo da luz." Esta frase foi dita por Platão, grande filósofo e matemático que viveu quatrocentos anos antes de Cristo. Ele revolucionou a sua época.

Quando temos medo da luz, não nos arriscamos, e é aí que mora o perigo. Porque o perigo não está no risco. O perigo está na segurança e na vida cômoda.

Certa vez, numa viagem pela África, fui até onde fica o maior *bungee jump* do mundo, com 216 metros de altura. Só de olhar eu já tremia de medo.

Minha primeira reação quando meus amigos disseram que devíamos pular foi dizer que não queria. Eu não conseguia imaginar como seria aquela experiência. Horas depois, tendo pensado bastante, fui convencido com uma simples frase: "Vamos, Fernão, vai ser a decisão mais louca da sua vida!".

Assinei o tal termo de morte que me colocava como responsável caso um acidente ocorresse e respirei fundo. Eu sabia que aquele dia seria um marco na minha vida.

Pular de *bungee jump* aciona várias emoções dentro da gente, principalmente porque precisamos tomar a decisão de pular. Isso porque o instrutor não pode empurrar ninguém. A pessoa precisa decidir se jogar, mesmo depois de saber os riscos e assinar, sabendo que a morte é uma opção.

Fazer isso abre portas dos sentimentos e é libertador. Mas a sensação de se jogar de uma ponte de 216 metros de altura – equivalente a um prédio de 70 andares –, além de indescritível, foi uma das melhores coisas que já experimentei em toda a minha vida.

Por isso, sei que Platão estava certo quando disse que ter medo da luz é uma tragédia. Porque o medo por si só pode nos impedir de vivenciar experiências que nos conduzem a outros estados de consciência.

Quando estiver com medo de fazer algo, lembre-se que aquela pode ser a melhor experiência da sua vida. Mas para que você a vivencie, é preciso quebrar barreiras e se permitir.

Vá, e se der medo, vá com medo mesmo!

69%

Thiago Nigro

Ricos compram ativos; pobres compram passivos, achando que são ativos

Thiago Nigro é o criador do canal Primo Rico, que traz informações atualizadas para quem quer aprender sobre educação financeira. Com isso, ele está democratizando um conteúdo a que todos deveríamos ter acesso. Thiago conseguiu sua independência financeira aos 26 anos colocando em prática tudo aquilo que hoje compartilha em seu canal.

Uma de suas lições que podem enriquecer a nossa mente e o nosso bolso é saber que ricos compram ativos e pobres, passivos. Mas primeiro você precisa saber o que são ativos e passivos. Pode perceber: o sonho do brasileiro é comprar o carro do ano ou a casa própria, achando que isso é uma grande vantagem competitiva. Mas na verdade ele está adquirindo um passivo. Por quê?

Passivos são bens que fazem com que você tenha gastos constantes para sua manutenção. Ativos são bens que fazem com que você tenha ganhos constantes. Ou seja: sempre que adquirir um bem, se pergunte: "Este bem me trará gastos ou ganhos?".

Fui a um evento de um cara que manja muito de vendas nos Estados Unidos. Ele é bilionário e tem imóveis próprios que aluga - ativos que lhe proporcionam uma renda. E ele próprio mora de aluguel.

Voltando ao que o Thiago explica, hoje podemos viver um estilo de vida sem tantos passivos e tendo o mesmo conforto do que se tivéssemos adquirido esses bens. Ao mesmo tempo, quando não estamos criando raízes com os bens que adquirimos, temos a liberdade de voar, construir oportunidades em lugares e situações diferentes.

É um pouco como na história do Fernão Capelo Gaivota, que não queria ser como as outras aves que ficavam paradas buscando segurança e comida. O Fernão do livro, assim como eu e o Thiago, queria voar, ter a liberdade de estar onde quisesse, expandindo os próprios horizontes, sem limites.

Às vezes o que está te prendendo a uma vida miserável é exatamente a amarra que você colocou em si mesmo. Muitos se prendem numa gaiola e depois não conseguem voar – e nem reclamam, porque acreditam que ali dentro estão seguros. Não conseguem enxergar as asas, só as grades. Mas se sentem em segurança. E isso é só o que importa quando estão com medo. Não enxergam o voo, o ar, o céu.

Reflita antes de abrir a carteira para se enroscar num financiamento de dez, vinte, trinta anos. Talvez você não precise de tantos passivos para chegar aonde quer.

70%

Elvis Presley

Não critique se não estiver na pele do outro

"Não critique o que você não entende, pois você nunca esteve na pele do outro", disse uma vez o rei do rock. Elvis Presley, que até hoje explode corações com suas músicas impactantes, é o autor da frase que vai nos fazer crescer 1% hoje.

Elvis, ainda na infância dura e repleta de dificuldades, ganhou um violão do pai, que era presidiário, e foi então que decidiu que viveria sua grande paixão.

As pessoas são peritas em julgar umas às outras, sem que antes olhem para dentro de si mesmas. Hoje, com as redes sociais, isso fica ainda mais evidente. São criadas inúmeras versões para cliques que são frames da vida real. E costumo dizer que toda história tem três versões: a sua, a minha e a verdade.

Fofocas sempre acabam chegando aos nossos ouvidos. É importante sermos humildes e escutar todo mundo, mas é essencial entender que não existe verdade absoluta. A única verdade absoluta é a morte.

Portanto, se você tem o hábito de criticar, fofocar ou julgar, perceba que jogar sua energia para detonar o outro só desperdiça o que você tem de mais valioso. Focando na própria vida com a mesma intensidade com que focamos na dos outros, dispararíamos, crescendo muito mais que 1% ao dia.

Falar da vida dos outros faz parte da natureza do ser humano, mas se você olhar no espelho vai ver que precisa se desenvolver antes de criticar o que o outro fez.

Em vez de jogar querosene na faísca para ver o circo pegando fogo, busque o desenvolvimento e construa uma vida mais saudável. Cresça de todas as maneiras. E evite críticas, colocando-se sempre na pele do outro.

71%

Aldo Quintão

Você dá o amor que vai receber

Meu grande amigo Aldo, o maior celebrante de casamentos do Brasil, é um dos homens que mais consegue congregar pessoas de diferentes religiões, culturas e inclinações políticas, para que se movam em prol do mesmo objetivo.

Realizador, ele se dedica exaustivamente à construção de creches, além de usar sua rede de contatos para melhorar a vida de todos que chegam até ele. Não conheço uma única pessoa que não tenha solicitado socorro e recebido o seu melhor. Porque é da natureza dele dar amor e tudo o que estiver a seu alcance para ajudar quem estiver necessitado.

Essa premissa de dar amor ao próximo, tão difundida por Jesus, é a base para que tudo se realize e seus projetos prosperem em todas as instâncias. É inegável que se transmitimos coisas boas com intensidade, colhemos na mesma proporção.

No entanto, dar sem esperar receber algo em troca é a fórmula certa para tudo. Afinal, a vida é dinâmica, e o universo traz para você aquilo que você vibra e acredita. Sem emanar amor e abundância, querendo o bem de todos, é impossível que o universo te traga uma vida plena.

Generosidade, amor e gratidão são palavras que estão na boca de diversos gurus espirituais no mundo todo, porque é notável como expandimos nosso coração e nossa frequência energética quando nos relacionamos genuinamente com a vida, oferecendo nosso melhor.

A postura diante da vida, para quem quer receber, é doar-se incansavelmente. Em algum momento você terá a retribuição, porque essa é uma lei infalível.

Não devemos nos fechar esperando que as coisas aconteçam por si só, nem nos doar querendo retribuição. Aquilo que damos é como uma semente que dá frutos. A vida é feita de ciclos. Quando existe o retorno do seu plantio, o ciclo será de prosperidade e abundância. Porque você só recebe quando se doa generosamente.

72%

Thundercats

Visão além do alcance

Nos anos 1980, um ícone que fazia a infância valer a pena era o desenho *Thundercats*. Se você não é desse tempo, vale a pena procurar no Google vídeos desse desenho animado que marcou uma geração com a frase: "Espada justiceira, dê-me a visão além do alcance". Essa foi a primeira vez que ouvi esse termo, mas eu não podia imaginar o quanto ele se tornaria importante na minha vida profissional.

Como líder, aprendi que precisamos ter visão para chegarmos ao resultado que desejamos. A principal característica do líder e do empreendedor é ter uma visão clara do futuro. Isso nos ajuda nas decisões de curto prazo. Quanto mais clara estiver a visão do que queremos conquistar, maior facilidade teremos ao tomar as decisões.

É isso que eu quero que você entenda: ter visão além do alcance é não ter um pingo de dúvida sobre o seu objetivo. Quando sabemos o que queremos conquistar, temos como coordenar as ações que nos levarão ao nosso objetivo. Sempre digo que visões de longo prazo ajudam muito nas decisões de curto prazo.

Decidir às vezes é muito mais difícil que agir, porque as pessoas em geral são mais indecisas que inativas. O primeiro passo é decidir, e essa é a dificuldade da maioria das pessoas. Mas a vida pode mudar num segundo. O momento da decisão é esse segundo. É preciso decidir, mas atualmente, com uma gama de possibilidades alta e muitas opções, raramente decidimos o que realmente importa.

A segunda etapa é planejar. Depois que você se decidiu, é necessário fazer planejamento para partir para o terceiro ponto, a execução. Isso nada mais é do que colocar prazos e criar hábitos para executar todas as tarefas até conquistar o objetivo final.

Por fim, vem a conquista.

Decidir, planejar, executar, progredir e conquistar. São cinco as etapas da vitória, mas elas só são possíveis quando temos a visão do que queremos conquistar. Assim podemos tomar a decisão adequada, porque entendemos onde precisamos progredir, o que precisamos executar, como devemos planejar e, finalmente, qual será a decisão que fará a diferença.

Para ter visão além do alcance você não precisa de espada justiceira. Só precisa treinar seu olhar. Todos os dias.

73%

J.P. Morgan

Suas experiências te tornam multimilionário

J.P. Morgan é um banqueiro que admiro em razão do seu grande legado. Escolhi uma expressão para o 1% de hoje para que você reflita sobre algo que talvez você nunca tenha percebido. Ele dizia: "Se você pudesse vender todas as suas experiências pelo preço que elas te custaram, você estaria multimilionário".

Já parou para perceber isso? O quanto aprendemos com vitórias e fracassos? O quanto aprendemos com experiências simples?

Se pudéssemos vender toda essa bagagem, com certeza encheríamos o bolso de dinheiro. Fora as muitas vezes em que olhamos para uma situação como se ela não tivesse transformado nada em nossas vidas, quando, na verdade, está nos mostrando coisas preciosas que ainda não conseguimos absorver.

Quando eu tinha uns doze anos, descobri que existiam cerca de seis bilhões de pessoas na Terra. Nesse dia, coloquei na cabeça que se cada pessoa me desse um real eu teria 6 bilhões. Então juntei os meus amigos num plano mirabolante: rasgar as roupas, sujar o rosto e passar de casa em casa dizendo que precisávamos de um real.

Eles ficaram animados com a possibilidade de termos tanto dinheiro. Lá fomos nós bater de porta em porta, pedindo dinheiro. Fui o primeiro a participar daquela experiência. Fiz cara de coitado e disse que estava passando fome.

Na segunda casa também tivemos sucesso. Quando bati na terceira porta, o plano naufragou. O dono da casa nos deu um choque de realidade e fomos embora para esquecer de vez aquela ideia - que não era tão infalível assim.

Sempre que penso nessa experiência, vejo quanto aprendizado ela me trouxe e como foi positivo passar por tudo aquilo com meus amigos: o planejamento, a execução e até mesmo a frustração. Isso fez aquele menino sonhador crescer dentro de mim. Se antes eu era infantil, achando que era só ir atrás de uma coisa que ela se realizava, depois disso eu entendi que existiam infinitas etapas entre o querer e o agir. E essa experiência quem me trouxe não foi a escola: foi uma brincadeira malsucedida pra ficar bilionário.

Quem me trouxe o sucesso, afinal, foram as experiências. Pense nisso.

74%

Arri Coser

Dinheiro não é a parte mais importante

Arri Coser é um megaempresário brasileiro que começou a primeira grande rede de churrascarias e fez uma fortuna, expandindo seu mercado e internacionalizando o famoso churrasco brasileiro.

Já li muito a respeito desse ícone, que sempre disse o seguinte: "Dinheiro não é a parte mais importante. Talvez você nem precise de dinheiro para começar uma atividade, mas precisa ter conhecimento e as pessoas certas".

Pra quem quer começar qualquer negócio, tirar uma ideia do papel ou mudar de vida, essa dica é de ouro. Se você reparar, historicamente, tudo o que começou do zero começou sem que os grandes líderes tivessem um centavo no bolso. Na maioria das vezes eles tinham a ideia e buscavam a partir delas focar em como realizar.

Um episódio que muita gente deve ter vivenciado na infância pode nos ajudar a compreender essa visão. Provavelmente quando criança você cobiçava brinquedos e não tinha dinheiro para comprá-los. Toda criança depende da aprovação dos pais ou daquele dia mágico de Natal ou aniversário para ganhar o brinquedo novo tão desejado.

Eu era uma dessas crianças, mas estava sempre muito ligado no que meus amigos tinham, porque não tinha tanta paciência de esperar chegar o Natal para ter o brinquedo novo. Foi assim que eu aprendi uma das habilidades que mais utilizaria para o resto da vida: a capacidade de negociar sem dinheiro. Eu ficava sabendo que um amigo tinha ganhado uma bicicleta cromada e logo ia oferecer um skate pra ele, mostrando como era vantajoso ter aquele brinquedo.

Infelizmente, quando chegava em casa, lá estava a mãe do colega explicando a situação para a minha e destrocando o brinquedo que eu tinha tido tanto trabalho pra trocar.

O fato é que negociação se desenvolve desde cedo, e assim a gente percebe que dinheiro nem sempre é necessário quando queremos algo. Se temos relacionamento e sabemos o que queremos, podemos chegar lá.

Evidentemente aquele menino de doze anos não tinha a menor ideia de quanto valia cada coisa, mas o valor que esse pequeno Fernão via nos brinquedos estava além do monetário. Certa vez, quando ganhei um carrinho de controle remoto de aniversário, percebi isso.

Era o carrinho mais popular do momento, só que, no primeiro dia que saí para brincar, vi na rua um colega bem mais velho, que fazia artes marciais, com uma sacola cheia de armas brancas. Tinha estrelinha ninja, tchaco e muitas outras arminhas que para mim eram mais valiosas do que aquele carrinho de controle remoto. Por mais que o meu brinquedo fosse muito mais caro que as arminhas, fiz a troca.

Embora meu pai tenha enlouquecido, achando que aquilo era inapropriado para uma criança da minha idade, e devolvido as arminhas, entendi que se eu quisesse algo nem sempre era o dinheiro que ia comprar. Saber quem tinha o que eu queria era definitivamente um bom negócio.

Hoje, sempre que quero alguma coisa, não penso em quanto dinheiro aquilo vai me custar, e sim em como posso conseguir.

A pergunta hoje é: você consegue identificar o que quer? Se sim, que tal dar uma olhada ao redor e ver se realmente precisa de dinheiro para começar ou se relacionamento pode ser a chave que vai abrir as portas do seu novo negócio.

75%

Laurence Peter
Você cresce até seu nível de incompetência

Crescer 1% ao dia é estar ciente de que pouco a pouco você vai assimilando coisas na vida e aprimorando suas habilidades.

Como tinha a meta de crescer com figuras inspiradoras, sempre busquei referências em todas as áreas da vida. Certa vez me deparei com um Princípio de Peter, que me levou a conhecer esse cara chamado Laurence Peter.

Laurence Peter levou seus ensinamentos para inúmeras escolas de negócios no mundo todo e criou o Princípio de Peter a partir de suas teorias. E é desse princípio que vamos falar agora: "Na hierarquia, você tende a crescer até o seu nível de incompetência".

A pergunta que faço é: "Onde você quer estar?". Para chegarmos aonde queremos, precisamos nos capacitar, senão ficamos reféns das nossas incompetências. Se eu quero chegar num lugar que me exige determinada competência, preciso identificar como.

Vou dar um exemplo simples de um amigo que queria ser chef de cozinha. Ele começou cozinhando em casa para os amigos, depois foi fazer cursos fora do Brasil e decidiu se matricular na escola de um famoso chef francês. Foi só depois de muitos anos com a barriga no fogão que ele pôde crescer naquilo.

Existe uma regra universal que diz que você precisa fazer uma coisa por 10 mil horas para se tornar um *expert*. Se você for observar todos os ícones mundiais, desde jogadores de futebol até grandes músicos, repare que eles cresceram porque se dedicaram anos fazendo aquilo que gostavam, aprendendo todas as técnicas para se tornarem os melhores.

Um chef de cozinha não se torna um grande ícone se ele não domina uma técnica específica. Ele pode crescer até seu nível de incompetência e se conformar em cozinhar bem ou pode buscar aprimorar a técnica, aprendendo aquilo que não domina.

Se você sabe quais são as deficiências que o impedem de crescer, estude aquilo de que precisa para subir mais um degrau e não desperdice tempo lamentando por ainda não ter chegado lá. Quem quer ser um CEO de uma empresa só chega a esse patamar se conhecer o funcionamento de todas as áreas.

Seja imparável quando a questão é aprimorar conhecimento e coloque para jogo tudo que aprender, até se tornar *expert* naquilo que te torna único.

76%

Napoleon Hill

Reunir, permanecer e trabalhar para o sucesso

Napoleon Hill foi um dos homens mais lidos de todos os tempos por quem buscava uma mentalidade de sucesso. Uma das inúmeras coisas que ele disse logo após perceber o que 98% dos detentores das grandes fortunas tinham em comum foi: "Reunir é o começo, permanecer é o progresso, trabalhar é o sucesso".

E estamos falando de uma pessoa que escreveu livros baseados em estudos sobre grandes personalidades e se tornou uma das pessoas mais influentes de sua época.

Hoje, depois de muito aprendizado, leitura e, acima de tudo, tentativa e erro, aprendi que os conceitos apresentados por Hill são basicamente fundamentados na troca entre os seres humanos.

A não ser que você tenha uma ideia mirabolante, acredito que o desenvolvimento humano é feito de troca. Ou seja: reunir para criar. No entanto, reunir é o começo. Se queremos realmente construir os sonhos, precisamos persistir neles mesmo quando o barco está quase afundando e trabalhar incansavelmente até conquistar o que nos dispusemos a criar quando só tínhamos aquilo no campo das ideias.

A execução de uma ideia nem sempre é simples. Requer habilidades com o que na maioria das vezes não estamos familiarizados. Aí que entra a importância das pessoas para que possamos criar em conjunto.

Quando queremos algo diferente para nossa vida, precisamos nos relacionar com pessoas distintas, e assim aumentar nosso repertório. A partir daí, não basta essa diversidade toda em relacionamento se não tivermos consistência.

Dentro do marketing de relacionamento, onde atuo, relacionamento é importante, mas não desistir é fundamental. Ouvir nãos e ser consistente em seu caminho é o que faz com que você chegue aonde determinou.

Por último, esteja munido de uma fé inabalável. Hill pegou mentes brilhantes e constatou que 98% dos caras tinham uma coisa em comum: todos sabiam aonde queriam chegar e não paravam. Eles eram imparáveis e estavam sempre munidos de uma fé absurda que, de largada, os diferenciava.

Se você está buscando as pessoas certas para encontrar seus objetivos, alinhado com pensamentos e crenças de quem venceu e permaneceu engajado com seu propósito, as chances são de que, mesmo quando as ondas ruins vierem, você consiga se estabelecer como uma pessoa forte diante das frustrações.

77%

Sylvester Stallone

Tomar pancada, levantar-se e seguir!

Alguns atores de Hollywood se tornam ícones por representarem mais do que seus papéis representam. Um deles é Sylvester Stallone, cuja vida se tornou uma saga de superação pessoal. De família humilde, passou fome, e quando não tinha mais o que vender para conseguir dinheiro e colocar comida na mesa teve que vender o próprio cachorro.

Mas ele era sobretudo um sonhador, e seu maior sonho era escrever um roteiro de um filme. Quando conseguiu materializar suas ideias no papel, surgiu o clássico *Rocky Balboa*, sucesso que alavancou sua carreira mundialmente.

E qual foi a primeira coisa que ele fez com o dinheiro? Comprou o cachorro de volta, mesmo sabendo que um animal jamais poderia ter sido vendido daquela forma.

Seu lema é: "Na vida, não importa o quanto você bate. Importa, sim, o quanto você apanha e ainda tem firmeza e força para continuar seguindo". Seguir em frente apesar dos imprevistos é uma das maiores sacadas se você quer permanecer são neste mundo caótico, onde os índices de suicídio aumentam a cada ano.

Em determinado momento da vida, eu estava no piloto automático esperando que um grande resultado caísse do céu. Trabalhava para pagar contas e ainda namorava a minha esposa a distância, mas quando engravidamos foi um momento de virada em minha vida.

Eu estava tomando pancada da vida adoidado, mas ainda não doía o suficiente. Ainda sabia que poderia suportar, até o momento em que vi que tinha um compromisso com uma criança que ia nascer.

Foi aí que decidi arrancar as opções da minha vida. E eu acredito que quando você arranca as opções, as coisas dão certo.

Antes da pancada dolorida podemos até inventar desculpas. Só que quando a pancada da vida pede que a gente levante e reaja, não dá para recuar.

Foi aí que eu comecei a fazer. Decidi que executaria de verdade aquilo a que tinha me proposto e eliminei todas as outras opções. Levantei-me e segui, mesmo sabendo que muita gente não acreditava no negócio ao qual eu estava me dedicando.

Ao longo da vida, vamos tomando pancadas e podemos decidir ficar apanhando, reclamando da dor, ou nos levantar e seguir em frente, mesmo com as cicatrizes geradas pelo efeito daquilo que nos machucou.

Se é pra crescer 1% hoje, eu te digo: levante-se e siga, porque pancada todo mundo toma, mas você precisa continuar, mesmo com dor. Já dizia Rocky Balboa.

78%

Nelson Mandela

Não se conforme com pouca coisa

Nelson Mandela foi um grande líder político que lutou pela igualdade.

O curioso da história dele é que, apesar de ter ficado 27 anos numa prisão, jamais conseguiram prender sua mente. Ele foi preso, mas sua mente jamais se deixou aprisionar.

Uma grande frase que me inspira todos os dias e me faz crescer é: "Você nunca vai encontrar a sua paixão se se conformar e viver uma vida inferior à que você merece".

É curioso como muitos de nós nos conformamos com coisas "mais ou menos", com um estilo de vida que está distante da paixão que podemos alimentar pelos sonhos que queremos construir.

Nas minhas palestras, geralmente dou um exemplo drástico, mas que mostra muito sobre como funciona a mente humana. A pergunta que faço e repito agora para que você reflita é a seguinte: "Imagine que seu sangue está secando. Você vai morrer em um ano. E só existe uma forma de sobreviver, que é conquistar o seu sonho. O que você vai fazer?".

Cem por cento das pessoas respondem que irão conquistar o sonho. Mas perceba que estas pessoas só irão buscar o sonho para fugir da morte.

Não se conformar com pouca coisa é mudar o jogo e a mentalidade, tirando as opções da vida e deixando apenas aquilo que de fato importa. Em geral só fazemos isso e paramos de nos conformar com pouco quando estamos diante de um duelo de "vida e morte". As pessoas que querem construir algo precisam centralizar a energia naquilo. Chegou um determinado momento da minha vida que eu não me conformava mais com pouco.

Arranquei as minhas algemas quando terminei a minha vida acadêmica, mas continuei aprisionado até efetivamente decidir encontrar a vida que eu queria e seguir apaixonado por ela.

Cresça 1% hoje observando cada algema mental que ainda te prende a uma vida de conformismo e entenda que, enquanto se conformar com pouca coisa, nunca encontrará uma vida cheia de paixão.

79%

Maria F. Fissolo

Sustentabilidade: a base do seu negócio

Maria Franco Fissolo é a musa de todos aqueles que amam pelo menos uma de suas criações: a Nutella. Esta mulher, que fundou a Ferrero Rocher, desde o primeiro dia em que pisou na empresa instituiu a cultura da sustentabilidade em seu negócio, como o principal valor para seus colaboradores.

Pois é: tudo o que ela fazia era com consciência da preservação do ecossistema, do ambiente, preservação social, pensando em ajudar o maior número de pessoas, se envolvendo em causas de quem realmente necessitava.

Sua empresa já acumulou uma fortuna de mais de 20 bilhões de euros, mas ela cresce ainda com a cultura do apoio ambiental e social, porque essa mulher acredita que sustentabilidade deve ser a base do negócio.

Quando penso em como vivenciamos o dia a dia, buscando cada vez mais lucro sem perceber as oportunidades que temos de transformar vidas, relembro como despertei para a questão da colaboração social e do propósito sustentável dentro de uma atividade.

Eu ainda estava no terceiro colegial quando os professores deram a notícia de que não iríamos fazer uma viagem turística de fim de ano. Faríamos uma viagem para conhecer e ajudar uma comunidade no Vale do Jequitinhonha.

Só percebemos o valor daquela viagem quando chegamos lá. Eram comunidades extremamente carentes que fizeram com que eu despertasse para uma outra realidade.

Aquela vivência foi transformadora e me marcou para sempre. A partir daquele episódio percebi que é possível contribuir com pouco e me emocionei ao constatar como eles se ajudavam mutuamente sem ter quase nada. A comunidade dividia água, comida e se ajudava carregando telhas, fazendo uma força-tarefa para o que fosse necessário.

Essa experiência social fez com que eu entendesse que nem sempre é preciso dar dinheiro para contribuir com uma causa. Fiquei alguns anos voltando ao Projeto Vale Vida, no Vale, e a partir de então decidi que praticaria a sustentabilidade em todos os meus negócios.

Hoje essa preocupação permeia a minha vida. Este livro, inclusive, saiu do papel porque detectei a oportunidade de contribuir revertendo 100% da renda gerada por ele em prol das crianças de uma creche em Paraisópolis, na cidade de São Paulo.

Pra crescer 1% hoje é necessário perceber que nem sempre você precisa ter uma indústria multimilionária para criar projetos sustentáveis. Você pode começar hoje, colocando sua habilidade ou tempo em benefício de uma causa. Lendo este livro, inclusive, você já está contribuindo com estas crianças. Parabéns!

80%

Phil Knight

Cerque-se de pessoas que lhe deem confiança

Phil Knight é ninguém mais, ninguém menos que o cara que criou a Nike. Sua fortuna é estimada em mais de 25 bilhões de dólares.

Para ter esse império, é claro que no mínimo ele se cerca de pessoas confiáveis. Sempre repete em suas palestras: “Cerque-se de pessoas boas, de confiança e que podem te dar grandes conselhos em momentos desafiadores”.

Essa é uma premissa básica na vida de qualquer pessoa que empreende: cercar-se de pessoas leais. Conforme crescemos e obtemos sucesso, passamos a ter dúvidas se as pessoas que nos cercam estão ao nosso lado pelas vantagens que podemos trazer a elas ou porque genuinamente são nossos parceiros.

Além de desenvolver uma sensibilidade para captar quem deve estar ao seu lado, acredito que devemos entender que quem é grato não trai. Senti isso ao longo da minha trajetória, nos altos e baixos constantes. Hoje acredito que uma das características mais importantes de um grupo de negócios é a lealdade.

Nos meus momentos mais difíceis, quem realmente ficaria perto e quem pularia do barco. Na alegria, quando todo mundo está ganhando dinheiro, tudo é maravilhoso, só comemoração. Só que é importante ter uma visão de que daqui logo vai vir outro momento pós-expansão, a recessão da qual ninguém escapa.

Se o negócio está muito bem, existe um ajuste universal que vai fazer você derrapar. E isso não é pensar negativo. É estar atento e vigilante com o período após a subida. Por isso é importante estar com expectativa alinhada, senão o tombo é grande.

No momento de baixa é que você vai perceber quem está de verdade ao seu lado, porque vai ser natural que pessoas que faziam parte do seu ciclo de relacionamento saiam. É o momento de filtrar quem está ou não com você. Tem a ver com ter os mesmos valores: o cara leal pode ter a maior dificuldade do mundo, mas está junto contigo e apaga a luz junto se todo mundo for embora.

Quando o propósito é alinhado, a visão é alinhada. Cercar-se de pessoas que passem confiança não é só um lema de um cara de sucesso como Phil. É um lema que tem que te acompanhar todos os dias de sua vida.

81%

Tallis Gomes

Feito é melhor que perfeito

Para quem não sabe, Tallis Gomes foi o fundador da Easy Taxi e é autor de *Nada Easy*. No livro ele conta, do ponto de vista estrutural, o que você precisa fazer para construir um negócio de grande sucesso. Para mim, o *insight* mais poderoso que ele compartilha na obra é a conhecida frase: "Feito é melhor que perfeito", que se tornou sua filosofia de vida e é fundamental para toda pessoa que pensa em empreender.

Todos nós sabemos que o bem mais caro que temos é o tempo. Então, por que passar tanto tempo planejando, sem executar?

Costumo dizer que planejamento é algo eficaz, mas quando só planejamos perdemos tempo em identificar o que pode dar errado e corrigir de uma vez só. Planeje rápido, execute rápido e no decorrer da trajetória você conserta o que deu errado.

A maioria das empresas que abri foi sem planejamento nenhum. Eu pegava 2 ou 3 mil reais para abrir a empresa e ia em frente. Hoje vejo que muita gente pensa que "quanto mais preparado, melhor", mas isso impede que a gente cresça com nossos erros.

Eu e mais dois sócios abrimos nossa primeira empresa com 4 mil reais. Depois de alguns anos, vendi minha participação. Fui tocando a minha vida, sem pensar se estava bom, perfeito ou se era o mundo ideal. Eu ia lá e fazia.

Minha esposa me contou que estava grávida numa sexta-feira. Éramos noivos e namorávamos a distância, ela em Belo Horizonte e eu em São Paulo, em um apartamento de trinta metros quadrados. Com ajuda da minha mãe, em dois dias esvaziei o apartamento, coloquei as coisas na casa dos meus pais, aluguei outro, peguei móveis emprestados e ainda dei entrada em um apartamento próprio, mesmo sem condições.

Assim, na sexta-feira da semana seguinte já estávamos morando juntos em um novo apartamento alugado, comprando um imóvel na planta. Em cinco dias, tirei o problema da frente e resolvi o que precisava ser resolvido, porque prefiro executar rápido e depois aperfeiçoar os detalhes.

A situação pode parecer loucura para muitos: não tinha quitado o apartamento em que morava sozinho ainda e já estava comprando um segundo apartamento na planta, mesmo sem uma reserva de dinheiro. Mas eu precisava dar o melhor para a minha família que estava começando a se formar. Eu não sabia de qual forma, mas não tinha dúvidas que conseguiria eventualmente honrar minhas dívidas.

Engravidar sem planejamento e não ter onde morar era o mundo ideal? Não. Mudar para um pequeno apartamento era a melhor coisa a fazer? Não. Mas feito é melhor que perfeito, sempre.

Não focar no que pode dar errado geralmente te coloca em ação. Devemos sim avaliar os riscos e agir conscientes deles, mas jamais parar por medo de que o pior cenário se torne real.

Faça. Mesmo que não saia do melhor jeito possível, no final tudo dá certo.

82%

Jamie Oliver

Monetizando a paixão com entusiasmo

Jamie Oliver é o chef de cozinha mais bem pago do planeta, e isso diz muito sobre como monetizar uma paixão.

Para ele, a filosofia de seus restaurantes e de sua culinária se baseia em amor, paixão e entusiasmo. Ele acredita que, além de colocar isso na comida, é necessário levar esses valores para o dia a dia, divulgando a arte e monetizando a paixão com entusiasmo. Se meu avô tivesse aplicado essa filosofia há um tempo, talvez as obras de Antonio Paim Vieira estivessem expostas no Louvre.

O Antonio, meu avô, era pintor e participou da Semana de Arte Moderna de 1922. Tem grandes obras de arte e se tornou um artista consagrado: pintou uma das igrejas mais famosas do Brasil – certamente a mais conhecida de São Paulo –, a Nossa Senhora do Brasil. Chegou a ser convidado para pintar no Vaticano.

Mesmo com todo esse talento, ele nunca almejou ganhar dinheiro com sua arte. Trabalhava com amor, era professor da Academia das Belas-Artes de São Paulo e da FAU-USP, ilustrou inúmeros livros (inclusive de Monteiro Lobato, seu amigo pessoal). Mas não pensou em monetizar a sua paixão e valorizar suas obras.

Meu avô pode não ter lucrado com seu talento, mas nos deixou um grande legado. As paredes de nossas casas e alguns cantos da cidade estão cheios de quadros e peças com suas pinceladas, o que nos traz muita alegria e boas lembranças. A realização dele era produzir arte.

Se Jamie Oliver tivesse considerado que cozinhar era apenas um hobby, não teria criado uma marca nem se tornado o chef mais bem pago do mundo, com franquias de restaurantes por todo o planeta e seu nome em grandes canais de televisão.

Todos os dias temos que olhar para aquilo que fazemos de melhor e aprender como ganhar dinheiro com aquela paixão. Todo talento e toda habilidade podem ser valorizados e remunerados.

O grande segredo de saber monetizar uma paixão muitas vezes parece um mistério, porque acredito que algumas pessoas que fazem algo que por prazer não conseguem admitir que aquilo possa dar dinheiro.

Aprenda que é possível ter prazer fazendo algo por paixão e ser muito bem pago por isso. E isso não sou eu quem diz: é o cara que começou a cozinhar por amor e fez daquilo um motivo de inspiração para o mundo.

Cresça 1% hoje detectando suas paixões e como pode lucrar com elas.

83%

Leo Burnett

É o agir; não o pensar em agir

Quando olhamos para a vida dessa lenda do marketing chamada Leo Burnett, fundador de uma das agências de propaganda mais respeitadas do mundo, nos questionamos sobre o que fez com que ele se destacasse num meio tão disputado.

Além de colocar emoção na publicidade, Leo levou um novo conceito para as propagandas e costumava dizer: "O homem do conhecimento vive do agir e não do pensar em agir".

No meu caso, aprendi a agir de verdade quando me meti na Bolsa de Valores, mesmo sem saber operar.

Tinha estudado um pouco e queria ficar rico. Não tinha nem um real para começar, mas fiz relacionamento com uma corretora e fui investir. Depois de alguns meses negociando ali, vi a possibilidade de multiplicar meus ganhos no mercado de opções, algo extremamente arriscado, que oscila demais – principalmente no meu caso, que operava diariamente alavancado, ou seja, poderia pegar emprestado da corretora até cinquenta vezes o valor do meu patrimônio.

Pense num menino sonhador com oitocentos reais de patrimônio e operando 40 mil reais por dia. Aquilo me motivava demais, muitas vezes com ganhos girando na casa dos 1000% diários. Porém, da mesma forma que ganhava, perder era natural naquela operação, desde que eu não estivesse alavancado e tendo de arcar com o prejuízo, que podia chegar a quantias estratosféricas para mim naquele momento. Foram noites de insônia e muito aprendizado.

Eu me envolvi no mercado de ações com muito risco. E era curioso como aquele risco de certa forma era excitante, porque não dava tempo de pensar em como fazer. Ou eu agia, ou agia. Ganhando muito ou perdendo muito, sempre.

Na vida, é a ação que modifica o rumo das coisas. Principalmente em momentos de crise, quando não temos a resposta para nada nem mesmo pensando muito. É a ação que traz resultado, seja ele bom ou ruim.

Aprendi com essa experiência que nada sólido pode ser construído da noite para o dia e que, se a ambição te leva a um caminho de mais e melhor, a ganância acaba com o jogo.

Para crescer 1% hoje, elenque as ações que você está postergando e não adie mais. Pare de pensar em agir e aja. Esta é para crescer de verdade.

84%

Warren Buffett

Cuidado com a sua reputação

Warren Buffett é um dos meus maiores mentores e ídolos não só por ser um dos maiores investidores do mundo, mas por ser detentor de ideias que efetivamente contribuem para o meu crescimento pessoal e profissional. Uma de suas frases mais conhecidas é: "Cuidado com a sua reputação".

Todos sabemos que demoramos décadas para construir um nome, mas bastam cinco minutos para que essa reputação seja detonada.

Ao mesmo tempo, acredito que deve haver uma congruência entre reputação e consciência, já que reputação é como as pessoas te veem e consciência é como você é de verdade. De nada vale uma boa reputação se você é desprezível com as pessoas que convive ou não faz nada daquilo que prega nas redes sociais.

Quem é você de verdade? A reputação é maravilhosa, disso não há a menor dúvida, mas ela tem que ser sustentada pela sua consciência.

Ao mesmo tempo, muitas pessoas têm consciência e não ligam para a reputação, mas uma simples escorregada mal pensada leva toda a vida profissional água abaixo.

Empresas de gerenciamento de crise de reputação dão certo ao redor do mundo justamente para consertar aquilo que muitos profissionais e celebridades acabam fazendo sem pensar. São minutos que repercutem para o resto de suas vidas. Grandes jogadores já perderam contratos importantes por segundos de descuido.

Portanto, seja coerente com o que prega e saiba que o que sustenta sua reputação é a sua consciência. Senão nenhuma empresa de gerenciamento de crise vai conseguir reverter a situação.

Reputação é o que você faz na frente das pessoas, e caráter é o que faz na ausência delas. Cuide bem de ambos.

85%

Ingvar Kamprad

O maior veneno é o gosto do sucesso

Algumas pessoas dizem coisas que deixam a gente intrigado.

Essa frase, que provavelmente provocou essa reação em você, foi dita pelo empreendedor Ingvar Kamprad, um homem que revolucionou o mercado de móveis e criou uma das maiores lojas do ramo no mundo, a Ikea, que fatura mais de 30 bilhões de euros por ano.

Esse empresário que poucos conhecem é um exemplo de mente disruptiva com provocações interessantes que me fizeram crescer. Como ele, sempre acreditei que "o maior veneno que pode existir na vida de um empreendedor é gosto do sucesso, e o maior antídoto para esse veneno é você acordar todo santo dia pensando no que você pode fazer para o amanhã ser melhor".

Para mim é o antídoto que funciona. Todos os dias eu acordo, olho no espelho e trabalho como se empreendesse pela primeira vez. Escrever este livro para que as pessoas cresçam 1% ao dia é a prova de que realmente acredito que podemos ser cada dia melhores.

Quando temos essa consciência, não nos acomodamos com a maré alta, que traz o gostinho do sucesso. O sucesso é uma armadilha. Você facilmente deixa seu ego inflar e começa a acreditar que já chegou aonde queria.

O resultado é o que vemos muitas vezes em tempos de crise: empresas que acreditávamos ser consolidadas naufragarem. Isso acontece porque muitas pessoas esquecem de agir diariamente com o entusiasmo do primeiro dia.

Ao acordar, sempre me policio para entender como está meu estado emocional em relação ao que tenho para fazer. Não dá pra entrar em campo achando que o jogo está ganho. É preciso treinar com humildade, sem se esquecer de que, enquanto colhe os louros e descansa, seu adversário está treinando obsessivamente, e você pode ser abocanhado pelo mercado num piscar de olhos.

Existe um conceito que se chama "maldição do conhecimento". Muita gente acaba atingida por ele, por exemplo, quando está no mesmo negócio há alguns anos e, esquecendo-se de que o outro pode não saber nada sobre o assunto, falamos daquilo presumindo que já saiba o suficiente. O novo é novo, e está aprendendo todos os assuntos. Lembre-se: conhecimento é para encantar, não para humilhar.

O principal é agir sempre como se fosse o seu primeiro dia, independentemente de quantos anos de experiência você tenha na bagagem. Não perca a empolgação do primeiro dia. Lembre-se: esse é o antídoto.

86%

Jack Welch

O negócio deve acompanhar o mundo

Jack Welch, o homem que comandou a General Electric por vinte anos, na minha opinião é um dos maiores CEOs da atualidade. Com sua estratégia, elevou o valor da GE de 14 bilhões para 410 bilhões de dólares.

A política de Welch é bastante conhecida no mercado corporativo e deveria ser regra dentro das empresas: "Se o ritmo dentro da companhia estiver mais devagar que o ritmo do mundo fora dela, o fim está próximo".

Essa é uma verdade absoluta. Pode perceber: em certas empresas, é como se a vida passasse lá fora enquanto as pessoas batem cartão e esperam as horas passarem.

Só que, em lugares assim, as pessoas geralmente não respiram novidades, não estão motivadas nem acompanham o ritmo de fora. E se o ambiente externo estiver muito mais acelerado, num ritmo muito maior que o ambiente interno, o que vai acontecer? Sua empresa vai morrer.

Isso serve para tudo. Serve para o seu grupo, para o seu time, para o seu negócio.

O empreendimento sempre deve acompanhar o mundo, mas o que dificulta é que muitas empresas não fomentam vivência, não deixam os colaboradores participarem da vida e trazerem referências novas para o negócio. Eles só executam ordens. Nessa toada, as coisas se perdem. A empresa fica obsoleta, e logo o líder quer sangue novo que venha de fora porque o ritmo de dentro está viciado.

Sou um cara de vários negócios e sei que no meu meio um complementa o outro. Foco é primordial, mas estar antenado nas transformações e oportunidades do mundo é fundamental.

É vital estar sempre conectado com todos os tipos de pessoas, para agregar ao seu repertório de vida. A ideia é que cada um traga uma referência completamente diferente para que possam entender outras formas de pensar e viver a vida, sem se limitarem ao próprio mundinho particular.

Lembre-se: o seu negócio é você, sempre. Você não pode se acomodar.

Esteja presente e se conecte com pessoas diferentes de você. Não deixe o ritmo diminuir. Tenha sempre oxigênio novo, busque a diversidade.

87%

Ted Turner

O dinheiro marca os pontos no jogo da vida

Ted Turner simplesmente construiu uma das maiores emissoras de televisão do mundo, a CNN. O termômetro desse visionário para saber se aquilo que ele estava construindo era de fato algo de sucesso sempre foi o dinheiro. Com uma fortuna avaliada em mais de 2 bilhões de dólares, ele costuma dizer que "a vida é um jogo, os negócios são um jogo e o dinheiro é como se marca os pontos".

Então como é que você vai considerar se o seu negócio está indo bem ou não? Pela quantidade de caixa que você está construindo e aumentando. Caso contrário, seu negócio não está saudável.

Comecei a ensinar isso bem cedo para os meus filhos. Outro dia, os dois fizeram velas para vender no parque. Produziram os objetos, levaram conosco até o parque e venderam uma por uma. O montante arrecadado foi de 410 reais, sendo que precisavam de trezentos para comprar aquilo que tinham estabelecido como meta.

Mas o que fazer com os 110 reais que sobraram? Com esse caixa eles vão começar a produção de mais velas e partir para uma segunda rodada de vendas. Logo cedo eles entenderam que o termômetro para saber se toda aquela empreitada tinha sido bem-sucedida foi ver se havia dinheiro em caixa.

Naquele dia eles aprenderam que tinham que ter um objetivo muito claro e que o dinheiro ia marcar os pontos naquele jogo. É assim que funciona. Ou seja: quando você começa a ganhar dinheiro, o que você faz com o excedente é que determina a maneira como você lida com o dinheiro. Muitos, quando começam a ganhar mais do que gastam, gastam como se não houvesse amanhã, em vez de investir o lucro ou guardar.

Considerar aquele dinheiro como lucro é um perigo. Se não tivessem sido instruídos, meus filhos iam rasgar e jogar pela janela, achando que foi dinheiro fácil, e não teriam pensado em usar aquele dinheiro para criar novas possibilidades de ganho. Então, seja qual for o seu ganho, quando sobrar uma reserva, faça como Ted Turner: você só vai saber se está marcando pontos se o saldo for positivo, tirando as despesas e tendo algo para apostar lá na frente.

Se a vida é um jogo e o dinheiro é como se marca os pontos, trate de usá-lo a seu favor.

88%

Jô Soares

Para ser feliz com alguém,
é preciso sê-lo sozinho

Jô Soares foi um dos entrevistadores mais aclamados da televisão brasileira por sua perspicácia nas perguntas e pelo conteúdo inteligente das entrevistas. Através de suas sacadas, conquistou milhares de fãs que não iam dormir sem ver seu programa, e fez grandes amigos dentre as personalidades que se sentavam em seu disputado sofá.

Jô tem frases na ponta da língua que nos fazem entender o motivo do seu sucesso. Certa vez disse que "a melhor maneira de ser feliz com alguém é ser feliz sozinho, porque aí a companhia vai ser escolha, e não necessidade". Esse ensinamento serve para todas as áreas da vida.

Pessoas que não são felizes consigo mesmas agem por desespero, seja na busca de parceiros, de companhias ou de oportunidades de trabalho. E o que acontece quando agimos por desespero? Geralmente atraímos algo ou alguém desalinhado com aquilo que queremos para nós.

Tudo no mundo é um reflexo do seu pensamento e do seu estado de espírito. Se você estiver bem consigo mesmo, vai enxergar o mundo de uma forma melhor e mais colorida. Se estiver atormentado mentalmente, vai ver o mundo de forma cinza. Tudo é reflexo da sua mente e dos seus pensamentos. Perceba que, quando algo não dá certo, se você se concentra no lado negativo e passa a reclamar muito, várias coisas passam também a dar errado, e isso se torna um ciclo.

Entretanto, se o seu humor e o seu comportamento são positivos, você gera uma energia positiva que faz com que as pessoas queiram se aproximar de você. Aí também entra a importância da autorresponsabilidade: tomar as rédeas do que acontece em sua vida e não reclamar ou criar desculpas, e sim buscar soluções.

Mas como alguém pode querer você por perto se você age desesperadamente em busca de companhia? Você só acha as pessoas certas – em qualquer área de sua vida – se souber o seu real valor. Uma pessoa com amor-próprio e autoestima elevada sabe o valor que tem no mundo e valoriza sua vida. A partir desse momento, ela também é capaz de valorizar aqueles que estão à sua volta. Porque, como disse, o mundo é reflexo não daquilo que queremos, mas daquilo que somos. É uma lei universal.

Se a sua vida não está de acordo com o que você quer, mude. Comporte-se de outro jeito, crie outros hábitos, respire outros ares. O segredo da mudança é focar não na luta contra o velho, mas na construção do novo. Compreenda e respeite suas limitações, buscando ser melhor a cada dia.

No dia em que você se amar de verdade, inevitavelmente estará feliz consigo mesmo, e a partir daí gerará uma nova energia que vai atrair circunstâncias e pessoas que poderão agregar à sua vida. Antes disso, invista em si mesmo e pare de buscar nos outros algo que complete você.

Um dos mandamentos ensinados por Jesus é: "Amai aos outros como a ti mesmo", e nos mostra que aquilo que temos em nós é o que encontraremos no próximo.

89%

Les Brown
Seja merecedor dos seus resultados

O monstro dos palcos Les Brown, para mim, é um dos melhores palestrantes do mundo motivacional. Além de inspirar as pessoas durante os eventos, ele é um cara que consegue transmitir o mesmo entusiasmo em todas as plataformas de comunicação.

A grande sacada de Brown é: "Seja merecedor dos seus resultados, seja faminto por todas as suas conquistas". Para que você cresça 1% hoje é preciso entender bem essa frase.

Para merecer aquilo que queremos como resultado, precisamos respeitar certas leis do universo. Uma delas é que o universo é abundante, e isso quer dizer que qualquer pessoa que estiver obstinada por uma realização vai conseguir chegar aonde almeja.

Só que muita gente não sustenta o sonho quando aparecem as dificuldades e obstáculos, preferindo parar do que se desafiar e encontrar alternativas. O resultado, então, é como pisar em areia movediça.

Perdendo-se a essência, inverte-se a maneira de se olhar para o resultado – o que seria merecimento acaba sendo visto como sorte ou privilégio do outro, ficando ainda mais distante.

Como ser merecedor dos resultados que você quer ter? Fazendo por merecer. Porque muitos esperam resultados fáceis e não brigam pelo que querem. Não fazem o que precisa ser feito, nem cultivam hábitos que os coloquem na direção certa.

Uma coisa que todo mundo sempre fala – e só fui acreditar nisso depois – é sobre a lei da atração. Sempre mostro para os meus filhos a roda que chamo de ciclo da vida e explico a eles que o mundo te devolve aquilo que você dá. Se você dá coisa boa, o mundo vai te devolver coisa boa.

A questão é: queremos o tempo todo merecer bons resultados, mas emitimos a energia que não vai nos trazer aquele determinado resultado. Se você quer que a vida seja generosa e abundante, precisa ser generoso e abundante com ela e com as pessoas com as quais convive.

Você atrai aquilo que você é, seja em questões pessoais ou relacionais. Para merecer, tem que emitir a energia correspondente, com ações correspondentes. Não adianta querer resultados e não estar disposto a ser aquilo que você quer ter!

90%

David Copperfield

Não foi mágica, foi exercício mental

"Não foi um truque, e sim resultado de um grande exercício mental." O mago David Copperfield, um dos maiores ilusionistas que o mundo já conheceu, cujas façanhas incluem atravessar a Muralha da China e fazer a Estátua da Liberdade desaparecer, sempre disse que seu maior truque era capacitar a própria mente para fazer o que deveria ser feito. Será que fazemos isso no nosso dia a dia?

David passou anos mentalizando, treinando, criando habilidades para realizar grandes feitos de ilusionismo, e até criou o Project Magic (ou Projeto Magia), que usa a mágica como forma de terapia para impactar milhares de pessoas portadoras de disfunções físicas, psicológicas e sociais.

Quando vejo pessoas realizadoras que fazem do próprio talento uma arte, encantando o mundo, realizando os sonhos e criando um ciclo de positividade, entendo o verdadeiro poder da lei da atração.

Em 2011, conheci alguns princípios da lei da atração no famoso filme *O segredo*. A partir de então, fiquei obcecado com as telas mentais: colocava fotos de viagens que eu queria fazer até no botão de descarga do banheiro. Uma delas, inclusive, de um dos hotéis mais luxuosos do mundo, que fica no Havaí, acabei realizando um ano depois. Um ano depois de tocar naquela foto dia após dia até ficar gasta.

Eu usava meu poder mental para realizar tudo aquilo que queria realizar em vez de usar essa força para gerar preocupações ou alimentar medos infundados. Nossa mente é extremamente poderosa, e quanto mais mentalizamos aquilo que queremos, mais abundância podemos ter. Temos que saber onde colocar força e energia e, ao mesmo tempo, estar atentos ao que queremos para o futuro.

Quando temos a crença inabalável de que podemos atingir determinado resultado, as coisas começam a surgir como mágica em nossas vidas. Parece que estamos vivendo no limiar entre o sonho e a realidade, mas na verdade estamos no campo das realizações porque soubemos usar corretamente nosso campo mental, exercitando-o da melhor maneira.

O que você deve fazer para crescer 1% hoje é usar esse inesgotável potencial mental para criar seu futuro e realizar tudo aquilo que sua mente puder conceber. Eu sou a prova de que isso pode dar certo.

91%

Rei Salomão

O sábio não exibe sua sabedoria

O rei Salomão viveu por volta de mil anos antes de Cristo e foi um dos grandes responsáveis pela construção de Jerusalém. Ele habitou Israel, que governou por quarenta anos, e foi considerado um grande sábio da história bíblica.

Sua frase de efeito que gera uma lição para enriquecer a mente é: "O sábio vai esconder a sua sabedoria; o tolo vai jogar para o mundo sua ignorância". Refletir sobre esse pensamento nos faz ficar atentos ao nosso próprio comportamento. Estamos sendo autoconfiantes ou arrogantes quando compartilhamos aquilo que sabemos?

A maneira como compartilhamos é que muda todo o jogo. O sábio não usa sua sabedoria para deixar o outro pequeno ou menor, e sim para contribuir generosamente com o crescimento do próximo.

Quando estou no palco, para não me perder com o ego, costumo pensar que meus filhos estão me ouvindo na plateia, e isso faz com que eu pense com delicadeza em como vou compartilhar a minha mensagem.

No começo da carreira, dei palestras e treinamentos porque havia necessidade de fazer o time crescer. Hoje, faço porque meu propósito de vida, além disso, é levar esperança para as pessoas de alguma forma. É por isso observo tão atentamente a maneira como estou compartilhando a mensagem; caso contrário, é melhor ficar quieto.

Tenho uma tatuagem no braço com a frase em italiano "*Finché respiro, spero*", que significa "enquanto respiro, tenho esperança". Se ela está comigo, trabalho fortemente para espalhar esse sentimento para o máximo de pessoas.

92%

George Lucas

Explore seu talento

Se você já ouviu falar de *Star Wars*, conhece George Lucas. Um cineasta do calibre dele, que vendeu a própria produtora para a Disney e hoje figura na Forbes como um dos empresários mais ricos do mundo, usa uma frase que vai te ajudar a entender seu caminho: "Todo mundo tem talento, é uma questão de você se mover até achar aquilo que toca o seu coração".

Já notou que existem pessoas que morrem sem ter explorado determinado talento? Ou vivem uma vida miserável porque não tinham gana de seguir aquilo que queriam?

A realidade é que é difícil achar o talento, e a grande maioria das pessoas morre sem saber para que veio ao mundo. Acredito que todos têm um ponto de luz para explorar, mas é difícil encontrá-lo porque muita gente não se arrisca para buscar caminhos melhores, com foco em apenas pagar as contas, se esquecendo de que vieram para realizar sonhos. Afinal, a vida passa num piscar de olhos.

Acredito que a determinação vence o talento quando não temos a menor ideia do nosso propósito. Sou um exemplo vivo disso. Explorar o talento é se mover até achar uma brecha que toque seu coração. Nesse momento, uma faísca vai se acender e você vai entender que existe algo diferenciado em você.

Fui criado para ter uma vida diferente e até hoje tenho medo de subir no palco – apesar de, nos últimos dez anos, ter palestrado em vários países e para plateias com mais de vinte mil pessoas –, mas sei que impacto vidas de milhares de pessoas quando sigo com a minha missão. Dessa forma, a determinação superou a minha falta de talento em ser um bom orador.

Beethoven podia ser talentoso, mas precisou de muita disciplina até se tornar o gênio da música que conhecemos.

Talvez você nunca descubra seu talento. Talvez você já tenha desistido de buscá-lo. Mas, se quer crescer 1% hoje, mova-se de onde está até encontrar aquilo que toca seu coração.

Tudo pode acontecer quando você caminha em direção aos sonhos. Você vai ver!

93%

Hans Wilsdorf

Desafiar os elementos da natureza

O Rolex se tornou um dos relógios mais conceituados do mundo, mas poucos sabem como Hans Wilsdorf, seu criador, deu vida a essa grande marca.

Ele viveu numa época em que nenhum relógio de pulso trazia horas precisas, em razão de uma limitação em seu mecanismo: todos eram suscetíveis às alterações climáticas. Uma simples umidade era capaz de mudar a precisão do relógio. Ciente disso, ele ficou obcecado em resolver aquele problema. Mas mais que isso: queria criar algo que deixasse na história a marca de elegante e confiável.

Logo que conseguiu desenvolver o Rolex, salientou que aquele era um relógio para "desafiar os elementos da natureza". E essa frase traz uma grande lição. Quantos de nós nos sentimos incapazes quando nos deparamos com uma limitação? Em vez de buscarmos uma solução, simplesmente aceitamos a situação, como se mais nada pudesse ser feito.

Aquele homem entendia a limitação, e sua ideia fixa era resolver um problema, criando algo novo.

Todos os dias deveríamos focar nosso olhar em resolver problemas de maneiras criativas e dinâmicas, transformando aquilo que já se tornou aceitável para muitos porque "não tem outro jeito". Sempre podemos criar um novo jeito de observar aquilo que é *status quo*.

Blindar o relógio aos fatores ambientais foi um toque de gênio que acabou mudando a história dos relógios de pulso a partir de então.

Se você está preso num problema, deixe de agir como todo mundo, aceitando as coisas como são. Trate de trabalhar na solução daquilo para cooperar com as inovações que podem abrilhantar o planeta.

Só para enriquecer sua mente com mais um exemplo, a multinacional de tecnologia HP leva crianças de quatro a doze anos em excursões pela empresa, e quando elas estão brincando, entretidas, alguém pede que desenhem como imaginam certas coisas no futuro. As crianças desenham e a partir daquilo os engenheiros trabalham.

Talvez você esteja desperdiçando um talento e sua capacidade inata de inventar coisas, aceitando tudo como está.

Enriqueça a mente e busque criar mecanismos e processos para deixar o que existe hoje obsoleto.

94%

Roberto Justus

Você está demitido

Roberto Justus é um empresário brasileiro que criou sua fortuna com determinação e uma capacidade ímpar de analisar cenários em sua totalidade. Depois de estrelar um reality show em que demitia pessoas que não apresentavam o resultado esperado, a frase "Você está demitido!" se tornou seu bordão, e é dela que quero falar agora.

"Você está demitido!" pode servir para várias áreas da vida. Por exemplo, para as dezenas de coisas que constantemente toleramos e que poderíamos tirar do nosso caminho. Pergunte a si mesmo o que está tolerando em sua vida pessoal, no trabalho ou na saúde e demita esse hábito. O que falta demitir da sua vida hoje?

Eu me demiti do emprego que não me trazia alegria e me fazia me sentir algemado, mesmo sendo livre para seguir com minhas convicções. Eu demiti o ambiente corporativo da minha vida. Eu demiti hábitos que não correspondiam à vida de sucesso que eu visualizava para mim.

Demita pessoas e situações. Demita rotinas destrutivas. Demita programas que poluem sua mente.

Entenda que, para crescer 1% ao dia, é preciso regar e semear coisas boas. Demita tudo aquilo que está prejudicando seu desempenho, envenenando suas raízes ou fazendo com que você fique estagnado na vida.

Se eventualmente o demitido for você, abra os olhos porque isso pode significar uma promoção na sua vida. Acelera!

95%

Dale Carnegie

O homem que vai mais longe é o que está disposto a ousar

Pode ser que você não tenha ouvido falar no nome dele, mas certamente já ouviu falar do livro *Como fazer amigos e influenciar pessoas*. Depois de escrever esse best-seller e se tornar mundialmente conhecido, Carnegie passou a ser o conselheiro particular de inúmeros líderes mundiais e fundou uma rede com mais de 3 mil instrutores com escritórios em 97 países, sendo responsável pela formação de nove milhões de pessoas no mundo todo.

Esses números só existem graças ao seu jeito de olhar a vida. Sua premissa básica é que o risco é necessário, sempre. Carnegie diz que a vida por si só é um risco e que "o homem que vai mais longe é geralmente aquele que está disposto a fazer e a ousar". Segundo o autor, "o barco da segurança nunca vai muito além da margem".

Certa vez, estava nos Estados Unidos para um evento e uma das pessoas que faria uma fala no dia seguinte não poderia estar presente, devido a um furacão que tinha devastado Orlando e cancelado voos por todo o país. Neste momento, diante do cancelamento do palestrante, uma das organizadoras chegou para mim com a seguinte solicitação: "Preciso que você fale".

Acontece que eu nunca tinha feito uma palestra em inglês, principalmente para milhares de pessoas, fora do país. Minha barriga gelou, e naquele momento decidi que iria arriscar. Disse sim, com o peito explodindo de medo. Não sabia como entraria no palco nem o que diria, mas, quando topei o desafio, decidi que daria meu máximo para aquilo acontecer.

Eram nove da noite, e a palestra seria às dez da manhã do dia seguinte. Eu tinha poucas horas para estruturar uma fala em inglês e me preparar para atingir aquele público.

Minha esposa, fluente em inglês, escreveu o texto, e eu passei as horas que antecederam minha subida ao palco decorando aquele papel do começo ao fim. Eu dizia palavra por palavra, exaustivamente, até que as gravasse, para que não perdesse o fio da meada em nenhum momento.

Antes de me apresentar, respirei fundo e, diante daquela plateia, abri os braços, dei um sorriso, quebrei o gelo e falei: "*Sorry for my english*".

Só que ninguém percebeu aquilo. Ninguém ali sabia que o meu maior medo era falar inglês. Quando disse a palavra final, uma hora depois de começar a falar, notei que tinha desafiado a mim mesmo de maneira extraordinária. Aquele dia fez com que eu entendesse que aceitar e superar minhas limitações só faria com que eu crescesse. Naquele dia eu já sabia o que Dale Carnagie queria dizer.

Se seu barco está na margem, talvez você esteja buscando segurança, mas quem não está disposto a correr riscos jamais vai chegar muito longe.

Pense nos riscos que pode aceitar daqui pra frente. Saia da margem.

Você pode ir muito mais longe do que imagina.

96%

José Roberto Marques

Os sonhos nos fazem experimentar outra realidade, outra experiência

Você provavelmente já escutou a palavra coach. Essa profissão, muito popular hoje no Brasil, ganhou ainda mais atenção por causa de José Roberto Marques. Ele é coach, palestrante, escritor e fundador do Instituto Brasileiro de Coaching, que já formou milhares de pessoas Brasil afora.

O Zé Roberto é, acima de tudo, um grande sonhador. Quem o vê falar entende como ele realiza tudo aquilo que sonha. Porque ele acredita verdadeiramente que os sonhos, por mais loucos que possam parecer, nos fazem experimentar outra realidade e vivenciar experiências incomuns e extraordinárias.

Eu, também como bom sonhador, já tive sonhos palpáveis e sonhos que muitos consideravam impossíveis. Todos eles sempre foram levados a sério, até o dia em que desembarquei em Las Vegas.

Era uma viagem entre amigos, e todos sabiam que meu sonho era andar de avião de caça. Tínhamos encontrado algo parecido com aquilo no meio do deserto e combinamos que eu finalmente passaria por aquela experiência que fazia meu coração bater mais rápido.

Viciado em adrenalina, entrei na van e viajamos alguns quilômetros até chegarmos ao local com os pequenos aviões. Estávamos diante de um avião de manobras, daqueles que desafiam a gravidade e trazem risco de vida.

Naquele momento ponderei. Um sonho poderia custar minha vida? E se eu entrasse naquele avião e não saísse vivo dali? Estava apavorado. O instrutor colocou meu paraquedas e me disse, em poucas palavras: "Se eu disser 'pule', você aperta esta alavanca. O vidro de cima vai se abrir e você vai pular sozinho".

Arregalei os olhos. Como poderia fazer aquilo? Existia um risco real de nada dar certo, mas era um sonho. O que fazer diante daquela situação?

Olhei nos olhos do instrutor e decidi confiar. Queria viver aquela experiência, mesmo que fosse a última experiência da minha vida.

Logo que o voo começou, atingindo nove vezes a força da gravidade, eu apaguei durante dez segundos. Acordei assustado. Quando vi que estava vivo, resolvi curtir aquela experiência inacreditável que eu tanto tinha sonhado.

Muitas vezes estamos diante dos sonhos com a possibilidade de realizá-los, mas vacilamos. Temos medo. Alguns podem não nos deixar correr risco de vida, mas eles nos tiram do chão, mexem com a nossa segurança, e é necessário que confiemos plenamente que aquela experiência vai valer a pena.

Veja hoje diante de quais sonhos você está vacilando, com medo de que a experiência te tire do seu eixo. Desafie a si mesmo, embarcando com coragem e confiando que viver essa outra realidade assustadora de repente é a porta de entrada para um mundo onde nada é impossível.

97%

John Maxwell
A liderança é medida pelo desafio que a pessoa assume

John Maxwell é um palestrante muito bem-sucedido, autor de mais de cinquenta livros com foco em liderança. Ele costuma dizer que você "mede a liderança de uma pessoa pelo tamanho do desafio que ela assume".

Um bom líder é aquele que tem visão, que arrasta uma multidão sem o menor esforço. Mas isso também pode ser um perigo, porque muitas vezes o ego do líder coloca tudo a perder.

O líder que para de crescer logo deixará de ser líder. Aquele que é seguido no nível posicional, pelo seu cargo, e permanece assim por muito tempo, vai enfraquecendo ao invés de se fortalecer. Um ótimo nível para começar, mas péssimo para ficar.

O segundo nível, o da permissão, é baseado nos relacionamentos entre o líder e as pessoas. À medida que os seguidores confiam e gostam de seu líder, começam a segui-lo porque querem fazê-lo.

O terceiro é o nível da produção. As pessoas começam a seguir esse tipo de líder por causa daquilo que ele fez pela equipe ou pela organização. Se você alcançar esse nível, tanto sua equipe quanto você mesmo, poderão atingir muitos objetivos.

O quarto é o nível do desenvolvimento de pessoas. O maior chamado que um líder pode ter é o de ajudar pessoas a se desenvolverem de modo que alcancem o seu potencial. Um líder que chega a este nível muda o seu foco, saindo da produção para a reprodução, e foca no desenvolvimento e na liderança de outros líderes.

O quinto e mais alto nível é a respeitabilidade, em que o respeito alcança seu ponto máximo. Para chegar lá é preciso esquecer o "eu" e pensar no "nós". O "eu" pode ser sucesso, mas o "nós" é significância. É você entender o seu valor como pessoa e a partir daí perceber e valorizar a essência do próximo, tirando o ego da frente.

Você pode pensar em si mesmo, mas quando pensa no “nós” é que você está pronto para uma liderança de alto impacto.

Lembre-se: as pessoas te respeitam pelo que você representa para elas, e não pelo que você tem.

98%

Mauricio Benvenutti

Ser diferente é o novo normal

Bato muito na tecla de que ser diferente é o novo normal. E talvez por isso me identifique tanto com o discurso de um homem que admiro e acompanho: Mauricio Benvenutti.

Eu sinceramente acredito que ele pode enriquecer sua mente todos os dias com suas sacadas de tecnologia e inovação, por estar conectado com tudo que há de novo neste universo. Para começo de conversa, ele mora no Vale do Silício.

Maurício criou uma comunidade de pessoas que estão dispostas a fazer a diferença e que pensam fora da caixa. Autor dos livros *Incansáveis* e *Audaz*, ele me ajuda a enxergar o mundo daqui a trinta anos. Refletirmos sobre isso possibilita entender se estamos no caminho certo e a partir daí questionar para onde vamos, fazendo algumas fichas caírem de forma eficiente.

"Ser diferente é o novo normal" é a espinha dorsal das empresas dele, que são pensadas para conectar as pessoas a essas transformações que verdadeiramente mudam o mundo. Se você é do time que está só vendo a vida passar, tente enxergar as coisas como esse cara e fazer diferente o que você faz igual todos os dias. Ser diferente é ter pensamento crítico e se colocar no papel de curioso, é pensar as coisas de outra maneira.

Já apliquei várias dicas do Mauricio na minha vida, e uma delas foi – e eu sugiro que você faça! – me conectar com uma nova pessoa todos os dias. Se estamos falando em crescer 1% ao dia, precisamos entender que muitas vezes as pessoas com as quais estamos conectados é que nos farão evoluir.

No marketing de relacionamento, por exemplo, apliquei essa premissa para ampliar minha rede de contatos e criar novos relacionamentos. E deu certo. Assim como você, as empresas também têm batimento cardíaco, e ele existe na forma de pessoas. Ser diverso e ter facilidade de se relacionar é vital.

Veja a vida como esse experimento fantástico e saia um pouco da caixa, pensando tudo sob novas perspectivas.

99%

MacGyver

Nunca ria do que você não sabe

Nunca ria do que você não sabe. Essa é a lenda MacGyver. Se você nunca ouviu falar nele, é porque não viveu nos anos 1990.

MacGyver era um personagem que solucionava tudo. Ele andava com um fósforo no bolso e um canivete suíço e de repente criava algo novo a partir daquilo. As pessoas riam e duvidavam da sua engenhosidade, e ele sempre trazia soluções que ninguém imaginava. Um solucionador de problemas do porte dele só podia ter muita inteligência emocional e criatividade. E mais: ele era um verdadeiro ícone do futuro, demonstrando habilidades como pensamento analítico, inovação, aprendizado ativo e estratégico, criatividade, originalidade e iniciativa.

A questão é que todos precisam ser um pouco MacGyver. Quando despertamos esse solucionador de problemas dentro da gente, exercitamos nosso pensamento crítico e cumprimos um papel de criar soluções e sair de todos os desafios de uma forma tranquila e natural, colocando variáveis no meio do jogo para poder se destacar.

Se você quer empreender, será preciso criar soluções para todos os tipos de problemas que aparecerão ao longo do percurso. Quanto mais você questiona, mais caminhos vão surgindo.

A meu ver, minha vida passou a ser um universo de possibilidades quando comecei a praticar o "e se?". Muitas das maiores criações do mundo partiram do "e se?". Em vez de falar "não dá", "não deu" ou "não vai dar", colocando-se numa posição defensiva, por que não pensar "e se?". Da mesma maneira como MacGyver pensava "e se eu juntar esses fios?".

Junte todas as habilidades de MacGyver e seja a pessoa que traz as soluções, e não a que acumula problemas. Aquilo que você ainda não sabe é só mais uma solução de um problema. Portanto, não ria do que você não sabe, mas divirta-se, sempre.

100%

Maria Merita Paim Battistoni
Trabalhe de forma ética

Ética é indiscutível na vida profissional de qualquer pessoa. Eu aprendi sobre o tema ainda novo, com minha mãe, Maria Merita, que não deixava que eu saísse dos trilhos.

Ainda tinha dez anos quando, certa tarde, numa brincadeira com os amigos no shopping, um deles me desafiou a roubar CDs, borrachas e papéis de uma loja. Imaturo, fiz aquilo para ser aceito na turminha e voltei para casa com uma sacola de coisas. Minha mãe, astuta, logo percebeu que aquilo não era boa coisa e perguntou de onde vinha. Respondi que tinha sido presente de um amigo.

Mas, quando ela me olhou nos olhos, decidi contar a verdade. Ela tinha me transmitido seus valores desde que era bem pequeno, e aquele tipo de coisa ela não admitia de jeito nenhum. Em alguns minutos, ficou decidido que voltaríamos ao shopping e eu devolveria tudo à loja, olhando nos olhos do dono do estabelecimento e pedindo desculpas pelo comportamento.

Amuado, fui com ela. Sabia que minha mãe sempre estaria ao meu lado, mas jamais me apoiaria caso eu fizesse algo que ferisse nossos valores. E devolver tudo o que tinha pegado naquela tarde me fez ter aula prática sobre ética.

Ela usou a ética dela para transmitir e construir a minha.

Aquele dia foi marcante, acionou um gatilho em mim. Nunca mais fiz nada que não estivesse de acordo com os meus valores, mesmo que as pessoas ao meu redor quisessem seguir condutas equivocadas e de má-fé. Eu sabia que não precisava fazer igual para pertencer a nenhum grupo.

Para crescer seu 1% hoje, perceba se está ferindo seus princípios para pertencer a algum grupo ou fazer o que os outros querem que você faça. Existe uma frase que diz: "Quando você está certo, Deus é seu advogado; quando você está errado, o advogado é o diabo". O final dessa história você sabe: o seu advogado quem escolhe é você.

Muito obrigado, mãe. Te amo!

1% PARA A VIDA

O próximo grande salto de evolução da humanidade será a descoberta de que cooperar é melhor que competir.
Pietro Ubaldi

Escrever um livro com todas as lições que eu gostaria de ter tido aos vinte anos, quando sequer conseguia me concentrar numa leitura, foi um exercício de me transportar através do tempo e entender a mente daquele jovem inquieto e sonhador que estava se formando.

Um jovem que intuitivamente já sabia que a era da cooperação seria compartilhar conhecimento e experiências, fazendo pelo outro aquilo que gostaríamos que fizessem por nós.

Acredito que a próxima revolução será quando as pessoas entenderem, de fato, o que é conexão. E aí saberão que se cada um puder compartilhar seu 1% com o mundo, juntos seremos 100%.

Assim como as pessoas que citei neste livro, todos temos como contribuir com o mundo. Agora eu te convido a refletir sobre qual é seu 1% e compartilhar nas redes sociais, para que eu possa levar essa mensagem adiante, assim como transmiti os ensinamentos que você acabou de ler. Poste a foto do livro com seu grande aprendizado e não se esqueça de me marcar. Garanto espalhar essa foto por aí.

Seu 1% certamente me fará melhor. Quando nos damos conta disso, em vez de focarmos nos 99% que podem estar em desarmonia com o que buscamos, aos poucos reajustamos a nossa rota e a rota da humanidade para um caminho diferente.

Esse quebra-cabeça da vida, que nos faz mais completos à medida que incorporamos à nossa rotina aquele 1% que aprendemos com o outro, só tem significado quando entendemos que, embora cada um de nós seja uma pecinha, todos juntos somos um.

Pense nesse cenário. Pense em como pode se encaixar nesse quebra-cabeça de forma que a sua contribuição seja única. Porque, assim como cada peça tem seu formato, sua característica, juntas elas fazem a beleza do quadro. Estamos juntos nessa missão. Quero crescer com você.

AGRADECIMENTOS

Agradeço a Deus, por me lembrar todos os dias que eu sou menor do que um grão de areia. Agradeço à minha família: meu pai, por me incentivar a enfrentar o desconhecido, criando desafios para que eu pudesse ser testado desde pequeno e pela consciência do valor da vida simples, me mostrando pelo exemplo que ninguém é melhor do que ninguém. À minha mãe, que me ensinou a sentir o coração e que, apesar dos nossos pés estarem no chão, nossa mente deve voar. Agradeço às minhas irmãs, Milagros e Chiara. Elas me ensinaram a conviver, a negociar, a dividir, a compreender, a tolerar e a criar.

Agradeço à minha esposa e mentora, Beca, que com sua energia consegue me transmitir serenidade, paz e equilíbrio para me manter sempre firme na caminhada, apoiando todas as minhas decisões e, principalmente, por realizar meu maior sonho, o de ser pai. Agradeço aos meus filhos, Tito e Bento, por me ensinarem todos os dias o que significa liderança e legado e por serem a luz da nossa estrada.

Agradeço aos meus amigos da praia, da rua, da escola, da faculdade e da vida. Me ensinaram sobre diversidade, relacionamentos e assumir riscos. Aos meus sócios nos negócios, os que já foram e deixaram suas lições e os que permanecem, que são meus mentores e exemplos e me ensinam diariamente com um banho de resiliência, fé, positividade, amizade e sonhos.

Agradeço aos desafios da vida, que provaram para mim que basta 1% ao dia para superar qualquer coisa!

FONTES Lyon, Gotham
PAPEL Alta Alvura 75 g/m²
IMPRESSÃO Imprensa da Fé